즐겨야 산다

잘나가는 직장인의 6가지 생존전략

즐겨야 산다

글 ㅣ 박진석

레몬북스
lemon books

끌려갈 것인가?
or
끌고 갈 것인가?

　　　　　　　　　당신은 지금 온전히 당신 스스로 선택
한 삶을 살고 있는가? 혹시 여행용 캐리어처럼 끌려다니고 있지는 않은
가? 당신은 캐리어가 아니라 캐리어를 끌고 가는 주인이 되어야 한다. 그
렇지만 현실의 당신은 여행용 캐리어일 뿐이다.

　여행자와 캐리어는 스스로 끌고 가느냐 아니면 끌려가느냐의 차이점
이 있다. 당신은 늘 바쁘다. 시간은 없다. 그리고 무엇 때문인지 해야 할
일도 많다. 가족들과 잠깐의 시간을 함께 보낼 수도 없고, 친구들과 만나
기도 어렵다.

　왜 그럴까? 회사원이니까 어쩔 수 없는 것일까? 일이 많기 때문에 어

쩔 수 없는 것일까? 혹시 바쁜 것이 능력이라는 생각을 갖고 있는 것인가? 그것도 아니라면 다른 사람들 역시 비슷하다면서 위안하고 있는가?

하지만 그런 것들은 사실이 아니다. 현실 속 당신의 삶은 당신의 의지와 전혀 상관없는 것들에 의해 지배당하고 있기 때문이다. 당신이 인지하지도 못할 만큼 그것들은 당신의 삶 깊숙이 관여하고 있다. 그래서 마치 끌려다님이 당연하다는 듯 행동하는 것이다.

당신은 일에 끌려다닌다. 사람에 끌려다니고 상황에 끌려다닌다. 끌려다니면서 이런 것이 인생이라고 말하며 당연시한다.

과연 끌려다니며 사는 것이 인생이요, 당연한 삶인 걸까? 당신은 많은 시간 끌려다녔던 회사를 떠나는 동료의 뒷모습을 본 적이 있는가? 직장을 떠나는 그 또는 그녀를 주변 사람들은 어떻게 평가했는가? 그들의 존재는 시간이 지나면 그냥 먼지처럼 사라지지 않았는가?

나는 회사를 떠나는 동료들의 모습을 많이 보았다. 떠나는 동료들을 부러워하기도 했고, 측은해하기도 했으며, 그들의 선택을 이해하지 못한 적도 있었다. 그리고 시간이 지나면 어느새 그들이 잊히는 것이 아쉬웠다.

처음 입사하면서 모셨던 부장님과 몇 분이 2006년 겨울에 명예퇴직을 당했다. 그때 그분들을 보면서 느낀 점은 '더 이상 이렇게 살면 안 되겠다'는 것이었다. 하지만 깨달음과 결심도 잠시뿐, 예전의 익숙함에 다시 적응되었고 날마다 반복되는 일상에 젖어들었다.

지금까지 많은 것에 끌려다녔던 나는 2013년 12월 31일 더 이상 끌려다니지 않겠노라고 나 자신에게 선포했다. '잘할 수 있는 것이 과연 무엇일까?' 하는 고민은 고등학교, 대학교 시절 및 사회생활을 하면서도 계속되었다. 하지만 고민이 제법 진지하지는 않았던 것 같다. 그냥 주변 사람들과 고민 이야기를 나누는 것이 해결책을 얻는 방법이요, 노력의 일환이라고 착각했던 것 같다. 10년 이상 시간이 지났지만 결국 얻은 것은 아무것도 없었다. 그냥 나는 고민하는 척만 했던 것이다. 이런 오랜 고민의 해답은 아이러니하게도 1년 반 만에 해결되었다.

10년이 지나도 해결되지 않던 고민을 어떻게 1년 반 만에 해결할 수 있었을까? 그것은 나 스스로를 엄청나게 괴롭혔기 때문이다. 그런 경험은 잦은 악몽과 위궤양 등으로 연결되었다. 소화를 시키지 못한 날들이 지속되었고 음식을 먹으면 속이 쓰렸다. 매일 반복되는 일상 속에서 또 다른 나와 싸우고 있었던 것이다. 35년 인생을 살아오면서 내면의 밑바닥까지 내려가본 최초의 경험이었다. 그것이 심한 우울증이었다는 사실을 나는 1년 반이 지났을 무렵 우연한 기회에 알게 되었다.

나와의 계속되는 싸움의 결과 내 속에는 아무것도 없었다. 막연하게 '무엇인가 잘할 수 있는 것이 있겠지'라고 생각했는데 잘하는 것도, 하고 싶은 것도 없었다. 이 사실을 깨닫는 순간 너무나 속상해 눈물을 흘릴 수밖에 없었다.

그리고 그동안 내 인생이 타인들에 의해 끌려다녔을 뿐이라는 생각을 하게 되었다. 그 후 '다시는 끌려다니지 않겠다'라고 결심한 순간 나 자신의 장점을 발견했다. 타인들이 말하는 나의 장점이 아닌 나 스스로의 생각과 의지로 찾은 장점이었다.

우리는 주변의 시선과 상황에 너무 많은 부분을 끌려다니고 있다. 그리고 이미 많은 것에 끌려다니고 있는 줄 알면서도 어쩔 수 없다고 체념한 채로 생활하는 경우가 많다.

'나는 끌려다니고 있는가?'

과연 단 한 번이라도 진지하게 고민해본 적이 있었는지 묻고 싶다. 스스로 끌려다니지 않는다고 말할 수 있다면 지금처럼 하면 된다. 잘하고 있는 것이다. 하지만 '내 삶이 끌려다니는 것은 아닌가?'라고 단 한 번이라도 의문을 가진 적이 있다면 곰곰이 생각해보아야 한다.

'과연 언제까지 끌려다닐 것인가?'

아들, 딸 대학 졸업 때까지? 자식들 결혼시킬 때까지? 그때까지만 참자고 생각하면서 살 것인가? 그러기에 당신의 젊음이 너무 아쉽지는 않은가?

조지 버나드쇼는 '젊음은 젊은이에게 주기에 아까운 것이다'라고 말했다. 젊었을 때 우리는 젊다는 사실을 간과한다. 젊었을 때 끌려다니는 삶은 그럭저럭 지낼 만하다. 하지만 지금보다 나이가 더 들었을 때는 과연 어떻게 할 것인가?

끌려다니지 않는 것은 지금의 삶과는 전혀 다르게 사는 것이다. 이 책은 '하기 싫은 일일지라도 인내하며 하라!', '상사에게 당신을 맞춰라!', '회식 때는 분위기를 띄워라!', '참고 배우고 노력하면 언젠가 성공한다!'는 식의 자기계발서가 아니다. 이 책은 인생을 스스로 끌고 가며 주체적으로 살기 위한 '자기혁신서'다.

늘 타인의 지시 속에서 끌려다니는 삶을 살아왔다면, 특히 더 이상 끌려다니고 싶지 않은 30대 직장인이라면 이 책과 함께해보자. 이 책을 통해 분연히 일어나 피지배적이고 피동적이었던 삶을 깨뜨리길, 그래서 야무지게 세상을 끌고 가는 주체적 삶의 주인공이 되길 진심으로 바란다.

박진석

| CONTENTS |

CHAPTER 3

나의 일, 어떻게 끌고 갈 것인가?

CHAPTER 4

나의 시간, 어떻게 끌고 갈 것인가?

CHAPTER 1

끌고 가는 법으로 세상을 조작하라

당신은 왜 늘 이렇게 피곤할까?

누가 당신을 이렇게 만들었을까? 회사? 사회? 가정? 교통체증? 대중교통?

회사생활을 하면 어쩔 수 없는 일일까?

그렇다면 10년, 20년 동안 줄곧 피곤하다는 말만 하면서 회사생활을 할 것인가? 그렇지 않다.

당신이 피곤한 이유는 당신 스스로 끌려다니고 있기 때문이다.

당신이 주도적으로 인생을 살고 있지 않기 때문에 피곤한 것이다.

자기 변화를 위한 첫 단계는 끌려다니지 않고 스스로 끌고 가는 것이다.

당신이 끌려다니는
이유

아침엔 우유 한 잔 점심엔 fast food / 쫓기는 사람처럼 시곗바늘 보면서 / 거리를 가득 메운 자동차 경적 소리 / 어깨를 늘어뜨린 학생들 This is the city life. / (중략) / 한손에 휴대전화 허리엔 삐삐 차고 / 집이란 잠자는 곳 직장이란 전쟁터 / 회색빛의 빌딩들 회색빛의 하늘과 / 회색 얼굴의 사람들 This is the city life.

혹시 이 랩의 노래를 아는가? 이 랩이 나오는 노래는 그룹 넥스트가 1992년에 발표한 '도시인'이다. 20년도 더 된 가요이지만 이 속의 노래 가사는 여전히 우리 일상을 그대로 꼬집는다. 아침을 거른 채 쫓기듯

시계를 보면서 바삐 횡단보도를 건너는 20여 년 전의 직장인들과 지금 직장인들의 출근 모습은 별반 다르지 않다. 이 노래가 나왔던 1992년 당시의 신입 사원은 지금 22년차 선임 상사가 되어 있을 것이다. 차질 없이 진급을 거듭했다면 임원이 되어 있을 것이다. 신입 사원 때 들었던 이 노래를 지금 다시 듣는다면 과연 그들은 어떤 생각을 하게 될까? 그들은 20년 이상 끌려다녔을까? 아니면 스스로 끌고 다녔을까?

과거의 직장인들은 물론 현재의 직장인들도 이미 많은 것에 끌려다니고 있다. 그렇기에 자유로웠던 대학 시절의 낭만이 심심찮게 그리운 건 인지상정이다. 회상하면 할수록 그때처럼 행복한 시절이 또 있을까 싶다. 심지어 남자들 중 어떤 이는 회사생활보다 군생활이 오히려 마음 편했다며 그 힘들었던 시기에서조차 젊음의 낭만을 더듬는다. 사병으로 입대한 경우 대부분 이등병에서부터 병장까지 진급하게 마련인데, 그렇게 누구나 차별 없이 진급을 하고 리더가 되는 시스템이 공평하다고 느낀 까닭이리라. 현재에 비해 상대적으로 자유로웠던 그 시절, 그러나 언제까지 그때만 그리워하고 있을 것인가?

이제 현실로 돌아와보자. 항상 바쁘다고 말하는 당신, 당신의 지금 일상은 어떠한가?

① 최근 일주일 동안 무엇 때문에 그리 바빴는지 잘 모르겠다.
② 친구나 가족들과 자주 통화하기가 힘들다.
③ 가끔 '왜 이렇게 사나?' 하는 생각이 든다.

④ 무엇을 하고 싶은지 모를 때가 종종 있다.

⑤ 꿈에 대한 말이 많이 나오는데, 내 꿈이 뭔지 모르겠다.

⑥ 거절하고 싶지만 싫다고 말하기가 어렵다.

⑦ 직장과 가정 사이의 줄타기가 아슬아슬하다.

⑧ '인생 뭐 있어? 그냥 이렇게 사는 거지'라는 생각이 든다.

⑨ 주말이 오기만을 기다린다.

⑩ 가끔씩 나도 모르게 화날 때가 있다.

위 항목들 중 한 가지라도 해당된다면 당신은 이미 끌려다니고 있는 것이다. 물론 이 항목들에 해당되지 않을지라도 스스로 끌려다닌다고 판단된다면 그 또한 분명 문제가 있는 것일 터이다.

직장은 최소 8~12시간 이상을 보내는 공간이다. 평생 가족보다 더 많은 시간을 동료들과 함께 보내야 하는 그야말로 생계의 터전인 것이다. 바로 그곳에서 당신이 원하지 않는 '끌려다님'이 시작되고 있다. 회사에서 당신은 상사 및 동료와의 관계, 거래처 및 협력사와의 관계, 업무 처리 등 다양한 역할 갈등에 허덕인다. 가장이라면 사랑하는 아내와 아이들과의 관계도 포함시켜야 한다. 회사 일에 치이자면 자연히 가정에 소홀해질 수밖에 없다. '피곤하다'라는 말만 앞세운 채 말이다.

당신의 삶은 어떤가? 만성피로를 짊어진 채 아침마다 졸린 눈을 비비며 힘겹게 기상하지 않는가? 대충 급히 씻고 나와 콩나물시루 같은 버스나 지하철 안에서 한바탕 출근 전쟁을 치르며 식전부터 힘 빼지 않는가?

　대부분의 직장인은 늘 피곤하다. 아침에 일어나면서 피곤하다는 말을 하고, 회사에 도착해서도 피곤하다는 말을 한다. 찌뿌둥한 상태로 오전 업무를 시작하고, 점심시간 밥때가 되면 인파 속에서 허겁지겁 식사를 한다. 식사 후 잠깐의 짬을 흘려보내고 사무실의 컴퓨터 모니터를 켠다. 또다시 피곤하다는 말과 더불어 오후 업무를 시작하고, 일을 끝내고 퇴근하면서 또 피곤하다고 말한다.

　당신은 왜 늘 이렇게 피곤할까? 누가 당신을 이렇게 만들었을까? 회사? 사회? 가정? 교통체증? 대중교통? 회사생활을 하면 어쩔 수 없는 일일까? 그렇다면 10년, 20년 동안 줄곧 피곤하다는 말만 하면서 회사생활을 할 것인가? 그렇지 않다. 당신이 피곤한 이유는 당신 스스로 끌려다니고 있기 때문이다. 당신이 주도적으로 인생을 살고 있지 않기에 피곤한 것이다.

　물론 사회나 회사가 당신을 피곤하게 만들 수도 있다. 하지만 그렇다고 당신이 사회나 회사를 바꾸기에는 역부족이다. 결국 직장인은 스스로 바뀔 수밖에 없다. 나라와 회사가 우리를 돌봐주는 시대는 이미 지나갔다. IMF 외환위기 시기에 구본형 작가는 『익숙한 것과의 결별』이라는 책을 썼다. 대한민국 직장인은 결국 스스로 살아갈 수밖에 없다는 것이 주제였다. 하지만 IMF 외환위기 이래 17년이 지난 지금도 변한 것이 별로 없다. 아직도 많은 직장인이 스스로 살아가기란 어렵다. 스스로 어떻게 변해야 할지 모르고 있기 때문이다.

자기 변화를 위한 첫 단계는 끌려다니지 않고 스스로 끌고 가는 것
이다.

당신은 바쁘다는 핑계로 삶을 되돌아볼 여유조차 없었다. 우리에게
삶을 뒤돌아보는 시기가 몇 번 있다. 첫 번째는 눈이 오고 크리스마스
트리에 불이 들어오는 12월 말 무렵이다. 두 번째는 갑작스럽게 몸이
아파 일을 하지 못하게 될 경우이다. 그때가 되면 당신은 그동안 앞만
보고 달렸다고 말한다. 그런데 정말 앞만 보고 달렸는가? 당신의 앞은
무엇을 위한 것이었는가?

동료들과 술 한잔할 때도 늘 회사와 상사 이야기, 바쁘다는 투덜거
림, 가족들과 함께할 시간이 없다는 푸념뿐이다. 이미 끌려다니고 있기
때문에 머릿속에도 항상 그 생각들로 가득 차 있는 것이다. 그렇지 않
은가?

이러한 문제는 나 자신 때문이 아니라 회사와 상사 때문인가? 신입사원 혹은 대리 때는 어쩔 수 없이 끌려다닐 수밖에 없다고 핑계를 댈 수 있다. 하지만 과장, 차장, 부장이 되어도 마찬가지일 수 있다. 당신이 회사생활을 해야 하는 30년 이상을 다양하게 끌려다닐 수도 있다는 것이다. 무섭지 않은가?

그렇다면 '끌려다닌다'란 무엇인가? 본인의 의지 없이 움직이는 것이다. 마치 조종받는 꼭두각시처럼 말이다. 꼭두각시는 인형극을 통해 남에게 즐거움을 주지만 정작 본인은 스스로 움직일 수 없다. 평생 스스로 움직이지 못하고 조종을 당해야 한다.

30대 초중반인 당신은 회사에서 과장 정도의 직급일 것이다. 지금은 힘들지만 머지 않아 진급하면 괜찮을 것이라고 생각한다. 더 이상 끌려다니지 않을 것이라는 희망을 갖고 있는 사람도 있다. 하지만 현실을 직시해야 한다. 차장, 부장 심지어 임원이 되어도 지금의 당신과 똑같이 끌려다닌다. 그야말로 30년 회사생활은 끌려다님의 연속이라는 의미이다.

그렇다면 너무 가혹하지 않은가? 30년 동안 끌려다니지 않으려면 어떻게 해야 할까? 이미 다년간 회사생활을 해온 당신은 해답이 무엇인지 알고 있다. 아니, 어쩌면 잘 모르고 있을 수도 있다. 일만 잘하면 다 해결된다고 생각할 수도 있다. 그렇지만 일 잘하는 것과 끌려다니는 것은 전혀 다른 문제이다.

공병호 박사는 자신의 저서 『1인 기업가로 홀로서기』에서 다음과 같이 말했다.

'타인의 속도에 맞춰 평생을 살아가는 사람들은 본인 스스로의 무엇인가가 없기 때문이다. 이 세상에는 두 가지 삶이 있다. 자기 자신의 속도로 살아가는 삶과 타인의 속도에 따라가는 삶이 그것이다. 타인의 속도에 맞추려다 보니 휘둘리며 살아갈 수밖에 없다. 젊을 때는 타인에게 휘둘리며 사는 삶도 제법 살아갈 만하지만 나이 들어서까지 그렇게 살아야 한다면 견딜 수 없다.'

과연 당신은 어떠한가? 지금 어떤 삶을 살고 있는가? 타인의 속도에 이미 길들여진 채 휘둘리고 있지는 않는가?

당신은 이미 끌려다니는 삶을 살았다. 과거는 어쩔 수 없다. 이제부터라도 끌려다니지 않으면 된다. 내 삶은 내가 나의 속도에 맞춰서 끌고 가야 하는 것이다.

2

목적과 목표로
인생 시나리오를 짜라

　　　　　　　　　　컬럼비아대학교 인문학 교수 피터 템즈는 목적의 중요함에 대해 이야기할 때 높은 야망을 가졌던 테레사 수녀를 예로 들곤 한다. 그녀는 1948년 '사랑의 선교수녀회'를 설립하고 평생을 가난하고 병든 자들을 위하여 봉사하였다. 가난한 자에게 집을 주고 배고픈 자에게 빵을 주었다. 배우지 못한 자들에게는 배움의 기회를 주었다. 인도 정부는 캘커타의 빈민가에서 봉사하는 외국인 테레사 수녀를 쫓아내려고까지 하였다. 그러나 그녀는 소신을 굽히지 않고 끈질기게 선교 활동을 펼쳤다.

　테레사 수녀가 여타 수녀와 다른 점은 무엇이었을까? 바로 야망이었다. 이렇게 거룩한 신앙심을 가진 수녀에게 야망을 갖다 붙이다니, 좀 당황스러울 것이다. 하지만 좀 다르게 생각해보면 이해가 된다. 아무리 깊은 신앙심을 갖고 있어도 저절로 수녀원이 생겨나지는 않는다. 테레사 수녀는 자신의 목표를 반드시 이루고 싶어 했다. 그녀는 세계 금융의 중심지인 뉴욕에서 모금을 시작한다. 그녀는 빈민들을 돕기 위해 정말 필요한 것이 무엇인지를 알고 있었던 것이다. 그래서 성금을 모으고, 빈민들을 위한 건물을 짓고, 수녀원을 세웠다. 병원, 학교를 끝없이 세워나가기 위해 노력한 것이다.

그 결과 테레사 수녀는 자신의 목적을 달성할 수 있었고, 많은 사람을 도울 수 있었다. 그녀는 다음과 같은 명언을 남겼다.

"우리는 위대한 일을 할 수 없습니다. 우리는 다만 위대한 사랑으로 작은 일을 할 수 있을 뿐입니다."

그녀가 한 일은 결코 작은 일이 아니었다. 그것은 많은 사람을 움직이게 만드는 위대한 일이었다.

우리 역시 테레사 수녀처럼 인생의 목표와 목적이 필요하다. 하지만 직장인들은 주변 동료 혹은 지인들에게 이런 말을 입버릇처럼 흘리곤 한다.

"나는 아무 목적 없이 살고 있어."

"왜 사는지 잘 모르겠어. 그냥 돈 때문에 일하고 월급날만 기다리지."

"신입 때는 야망도 있었는데, 현실에 적응하다 보니 진즉에 없어졌지, 뭐."

테레사 수녀의 야망은 그녀의 목표를 이룰 힘이었다. 그렇지만 평범한 30대 직장인은 목표가 없으니 야망도 사라진 것이다. 야망이야말로 회사생활을 지속하게 하는 원동력일 수 있다.

그렇다면 목적과 목표 그리고 야망이란 무엇일까? 흔히 사용하고는 있지만 의미가 조금씩 다른 단어들이다. 목적은 추상적이지만 궁극적으로 도달하기 위한 방향이다. 목표란 목적을 이룰 수 있도록 도와준다. 그것은 구체적이고 눈에 보이는 방법이다. 야망은 목표, 목적을 불타오르게 하는 휘발유라 할 수 있다. 이것을 자동차를 움직이게 하는 힘으로 비유한다면 목적은 자동차가 움직이는 것 자체라고 할 수 있다. 목표는 시동을 걸어 엔진을 움직이게 하는 것이요, 야망은 엔진을 움직이게 하는 휘발유가 될 것이다.

각 기업과 학교에서는 역시 목적과 목표를 가지고 제품을 만들고 학생들을 교육한다. 『기적의 사명선언문』에서 로리 베스 존스는 '인생 사명서'란 본인이 또 지금과 같은 환경에 처했을 때 다시 힘을 내어 살아갈 수 있는 원동력이라고 했다. 그것은 북극성처럼 길을 잃었을 때 어디로 가야 하는지 방향을 알려준다. 먼 바다를 항해해온 배들에게 육지가 가까웠음을 알려주는 등대 같은 것이고, 아이들에게는 부모 같은 존재이다. 인생 사명서는 삶의 목적과 일맥상통한다. 즉, 삶의 목적을 글로 적은 것이 바로 인생 사명서이다.

디즈니랜드의 설립 목적은 '사람을 즐겁게 해주는 것'이다. 이 얼마나 단순하고 명쾌한가!

많은 사람이 목표가 없거나 약하기 때문에 끌려다니는 것이다. 목표

의식이 강한 사람은 절대로 끌려다니지 않는다. 혹여나 지금 당장 끌려다니고 있더라도 본인 스스로 그 상황을 개척하려고 노력한다. 그들은 끌려다니는 상황을 즐기고 돈 받고 배운다고 생각할 수도 있다. 또는 불편한 현재를 버리고 미래를 향해 뛰쳐나가 성공할 수도 있다. 어떻게든 끌려다니는 상황을 개선하려고 노력하는 것이다.

그렇다면 우리는 어떻게 해야 할까?

우선 어떤 목표가 있다면 현재 끌려다니는 상황을 어느 정도 참고 견뎌낼 수 있다. 매월 어쩔 수 없이 벌어야 하는 돈을 목표로 선정해도 괜찮다. 또는 사고 싶은 어떤 물건을 사기 위해 돈을 모으는 것도 괜찮다. 매일 한 권의 책을 읽거나, 건강을 위해 운동을 하는 것도 목표가 될 수 있다.

작은 목표들은 당신의 하루, 일주일, 한 달 그리고 일 년을 버티게 해준다. 하지만 작은 목표들이 사라지거나 달성된 후 당신에게 남는 것은 과연 무엇일까? 물론 저축한 돈, 운동을 해서 생긴 건강, 책을 통해 얻은 지식 등일 것이다. 그보다 더 중요한 것은 당신이 세운 작은 목표들을 지켰다는 사실이다. 그 목표를 기반으로 더 큰 목표를 만들어보고 당신 인생의 목적을 다시 세워볼 계기가 마련될 것이다.

얼마 전 어느 대기업에서 명예퇴직한 부장과 통화를 했다. 그는 대학원 시절 같이 공부하던 학우였다. 나이도 있지만 회사를 다니면서 공부를 하는 것이기에 누구보다 열심히 수업을 들었던 인물이다.

회사를 그만둔 그에게 회사생활이 끝나자 남은 것이 무엇인지 물었다. 그의 대답은 "약간의 돈과 시간 그리고 허무"였다. 그의 경력이라는 것도 다른 분야에서는 쓰일 수가 없다고 했다.

그는 몇 개월 등산을 다니다가 현재 베트남의 작은 중소기업에서 전혀 다른 일을 하고 있다. 그는 요즘 정말 즐겁다고 했다. 연봉은 거의 1/5 수준이지만 그의 목소리에서 즐거움이 느껴졌다. 게다가 회사를 너무 늦게 나온 것이 안타깝다는 말도 덧붙였다.

50대 중반을 바라보는 직장인이 회사를 빨리 나올 걸 그랬다고 말하는 것은 처음 들어본 말이었다. 그 나이가 되면 대부분 조금이라도 더 오래 회사를 다니려고 하니까. 그는 내게도 빨리 회사를 그만두라고 권하기까지 했다. 그냥 그 말을 듣고 웃고 말았다.

회사를 박차고 나가더라도 당장 내가 할 수 있는 일이 있어야 그만두지 않겠는가. 나는 할 수 있을 게 아무것도 없었기 때문에 헛웃음만 나왔다. 그와 이야기한 그날 밤, 잠든 아내와 아기의 얼굴을 보면서 어떻게 살아야 하는 것인가에 대한 고민으로 밤을 새웠다. 고민을 해도 답이 나오지 않았다. 뜬눈으로 밤을 새고 몇 달간 고민을 계속했다. 그 결과 단 하나의 인생 목표가 생겼다. 그것은, 나는 더 이상 끌려다니지 않겠다는 것이었다.

인생에 대한 목표가 확고한 사람들은 처음부터 일반 사람들과 같은 작은 목표가 아닌 더 큰 목표를 세우고 도전한다. 한 번 세운 거대한 목표를 위해 목적 자체를 바꾸기도 한다. 그렇지만 그들의 목표는 결코 바뀌지 않는다.

『7막 7장』으로 유명한 홍정욱 전 국회의원은 서울여자대학교 졸업식 축사에서 이렇게 말했다.

"대학을 졸업하는 여러분을 기다리는 것은 희망찬 미래가 아니라 힘든 실패의 과정들입니다. 그렇지만 그 과정들을 이겨내는 방법을 배워야 합니다. 실패하고 또 도전하고 실패하고 또 도전하는 과정들이 계속될 것입니다. 저 역시 마찬가지였습니다. 미국에서 로스쿨을 졸업한 후 시작한 사업은 6개월 만에 10억 이상의 빚을 지고 망했습니다. 그와 더불어 서른이 넘어 군대를 가게 되었습니다. 통장에는 단돈 100만 원뿐이었습니다. 그렇지만 회사에 들어가고 싶지는 않았습니다. 스스로 하고 싶은 일을 하고 싶었고, 주체적인 삶을 살고 싶었습니다. 결국 다시 도전하였고, 적자뿐인 헤럴드경제를 인수하여 2년 만에 흑자로 전환시켰습니다."

인생의 목적을 세우고 실천하려는 자들에게 목표는 변할 수 있는 것이다. 축구 경기를 예로 들어보자. 경기에서 이기는 것이 목적이며, 그것을 위해 골을 많이 넣는 것이 바로 목표라 할 수 있다. 그렇지만 상대편에게 골을 많이 내주지 않는 것이 목표가 될 수도 있다. 또는 상대방의 반칙을 유도해 상대 선수들의 퇴장을 불러일으켜 유리한 경기를 끌어가는 것을 목표로 세울 수도 있다.

인생의 목적을 갖고 목표를 하나씩 수정해 나아가면서 인생을 사는 자들은 어떤 목적지로 가기 위해 비행기를 탈 수도 있고, KTX를 탈 수도 있으며, 걷거나 자전거를 이용할 수도 있다. 특히, 일반인들이 보기에 전혀 이해가 안 되는 행동들도 한다. 애플의 스티브 잡스와 버진그룹의 리처드 브랜슨을 생각해보면 될 것이다.

스티브 잡스가 세운 애플은 'Think Different'라는 모토와 광고로 유명하다. 1997년 9월 애플의 광고는 아인슈타인, 밥 딜런, 마틴 루서 킹목사의 모습으로 시작된다. 내레이션이 나오면서 리처드 브랜슨, 존 레논, 무하마드 알리, 간디, 에디슨 등의 인물들을 차례로 보여준다.

'여기 미친 사람들이 있다. 부적응자, 반항아, 문제아들, 우리 사회가만든 틀에 맞지 않는 사람들, 사물을 다르게 보는 사람들. 그들은 규칙을 좋아하지 않는다. 그들은 현재에 안주하는 것을 좋아하지 않는다. 우리는 그들의 이야기를 인용하거나 부정하거나 추어올리거나 비난할 수도 있다. 하지만 우리가 할 수 없는 한 가지는 그들을 무시하는 것이다. 그들은 세상을 바꾸기 때문이다. 그들은 인류를 진보시킨다. 어떤이들은 그들을 미친 사람으로 보지만 우리는 그들의 천재성을 본다. 스스로 세상을 바꿀 수 있다고 생각할 정도로 미친 이들만이 세상을 바꾸는 사람들이기 때문이다.'

애플이 추구하는 기업의 모토를 그대로 반영한 이 광고는 엄청난 반향을 일으켰다. 광고에 나온 많은 위인, 혁신가는 항상 이해하지 못하는 행동들로 주목을 받았다. 하지만 그들은 자신들이 세운 목적을 달성했고, 세상을 바꿨다. 결국 주변 사람들은 그들의 말이 사실이었음을 믿게 된다.

물론 우리 인생의 목적과 목표는 그들처럼 거창하지 않아도 된다. 타인이 보기에는 목표라고 하기에는 적합하지 않은 것일 수도 있다.

　너대니얼 호손의 단편소설 「큰 바위 얼굴」에는 위대한 것은 부, 명예, 권력이 아닌 자기성찰을 통한 삶의 일치라는 진리가 나온다. 주인공 어니스트는 평생 큰 바위 얼굴과 같다는 사람들을 만난다. 첫 번째 인물은 개더골드라는 부자였고, 두 번째는 블러드 앤드 선더라는 장군이었다. 마지막으로 올드 스토니 피즈라는 정치가를 사람들은 큰 바위 얼굴과 같다고 이야기한다. 하지만 그들의 외모 속에 숨겨진 모습들에 어니스트는 실망하고 만다. 시간이 지나고 어느 시인이 어니스트를 찾아온다. 그는 어니스트가 바로 큰 바위 얼굴의 화신임을 깨닫게 된다.

주변 사람들 역시 시인의 말이 사실임을 알게 된다. 그렇지만 어니스트는 자신보다 좀 더 현명하고 훌륭한 사람이 나타나기를 바란다.

어니스트처럼 삶의 목적은 장기적으로 평생 추구해야 하는 것이기에 주변에서 말하기 전까지 본인 스스로 목적을 이룬 것을 모를 수도 있다. 당신 역시 아직 평생의 목적을 모른다. 그렇기에 목적 없는 목표를 세우고 있는 경우가 많을 것이다. 하지만 목적이 없는 목표라도 하나씩 지켜나가야 한다. 그렇게 하다 보면 본인이 달성한 목표들을 조합해 역으로 목적을 세워볼 수도 있다.

목표들을 달성하면서 중간중간 목적을 생각해보고 목표를 돌아보는 시간을 가져야 한다. 당신에게 삶의 목적과 목표가 있다면 끌려다니지 않을 준비가 된 것이다.

피터 템즈는 목적을 이루고 인생을 바꾸는 생각의 3단계를 소개한 바 있다. 그는 학교를 두 번이나 그만두고 인생에 대해 진지하게 고민하였다. 그는 집과 도서관을 오가며 수많은 사상을 섭렵하였고, 택시 운전을 하며 대학에 진학해 결국 하버드대학교 교수를 역임하기도 했다. 〈뉴욕타임스〉가 매년 추천하는 책 『목적의 힘』에서 그가 밝힌 3단계는 다음과 같다.

1단계 사고 _ 자기 기분만 생각하는 수준(그 외에는 아무것도 생각하지 않음)
'내 기분은 어떤가?'
'지금 내 모습은 어떠할까?'

2단계 사고 _ 타인들이 바라보는 나의 모습만을 생각하는 수준

　　　　　'남들은 나를 어떻게 보고 있을까?'

　　　　　'나는 남들에게 어떤 모습으로 보일까?'

3단계 사고 _ 타인의 감정, 고통, 고민, 원하는 삶, 꿈을 알고 도우려는 수준

　　　　　'남들은 무엇이 문제인가?'

　　　　　'남들에게 과연 중요한 것은 무엇인가?'

당신은 지금 어느 단계의 사고를 하고 있는가? 결국 당신의 목표와 목적을 이루기 위해서는 마지막 3단계의 사고를 해야 한다. 지금 스스로 하고 있는 사고의 위치가 어디인지를 찾아보고 1단계, 2단계의 사고를 하나씩 거쳐 나아가보자.

3

남을 위한 인생?
나를 위한 인생!

　　　　　"안녕하십니까? 저희 팀원을 소개하겠습니다. 우선 이쪽은 저희 팀에서 가장 착한 박○○ 씨입니다."

　회사에서 상사가 누군가에게 당신을 소개할 때 과연 어떤 사람이라고 할까? 혹시 착하다고 하는가? 만약 그렇다면 당신은 우리 주변에 반드시 있는 착한 사람들 중 하나이다. 동료들은 일이 많거나 부탁을 할 때 주로 당신을 찾아간다. 상사들은 고과 및 진급 시즌이 되면 착한 당신에게 말한다.

　"미안하다. 다음번 고과는 꼭 챙겨줄게. 이번에는 좀 부탁한다."

　"올해는 진급이 안 됐지만 내년엔 좋아질 거야. 걱정하지 마. 잘될 거야."

상사들에게 이런 말을 들은 적이 있는가? 그렇다면 그때 당신의 기분은 어떠했는가? '다음에 고과를 챙겨주신다고 했으니까 잘되겠지, 내년에는 진급하겠지, 걱정하지 말자' 하며 크게 신경 쓰지 않았는가? 하지만 잘 생각해보자. 이런 일이 이번 한 번뿐이었는지를 말이다. 최소 몇 년간 회사생활을 했다면 절대로 한 번뿐이었을 리가 없다. 그런 상황이 있었을 때 당신은 결코 어쩔 수 없는 성질의 것이라고 생각했는가? 당신의 권한 밖 문제라 그냥 두 손 놓고 있었는가? 이런 당신은 이미 스스로의 인생을 살고 있는 것이 아니다.

어리석게도 나는 상사나 동료의 착하다는 말을 칭찬인 줄로만 알았다. 그리고 그것이 칭찬이 아니라는 것을 깨닫는 데까지 8년이라는 시간이 걸렸다. 착하다는 것은 '너는 거절을 못하니까 내 부탁을 꼭 들어줘야 해'라는 의미를 내포하고 있다. 상대방은 당신이 거절을 못한다는 사실을 이미 알고 있기에 부탁하는 것이다. 물론 스스로 도와주고 싶어서 자발적으로 하는 경우도 있다. 하지만 회사에서 누군가를 도와주는 것은 결국 주 업무가 아닌 서브 업무로 여겨지는 것이 사실이다. 회사에서는 성과를 내는 사람을 인정하고 좋게 평가하기 때문이다.

과거 학창 시절을 떠올려보자. 공부나 운동을 못하고, 조용하고 평범한 친구들에게는 주로 '착하다'라는 평가가 붙었다. 사회생활에 접어들면 이 착한 친구들은 치열한 기업 환경에서 상대방보다 피해를 더 입게 된다. 비슷한 실력이라도 당당하게 요구하고 바라는 동기들에 비해 평가 등을 나쁘게 받기도 한다. 그들은 "왜 고과가 이렇죠?", "왜 제가 승진에서 누락되나요?"라고 묻지도 않는다. '항의해도 아무것도 달라지지 않는다'라는 생각으로 혼자 분을 삭이고 만다. 그저 본인이 미흡하다는 마음이 들고 남들보다 못난 자신이 미울 뿐이다.

과연 그러할까? 착한 당신이 못난 것일까? 세상은 평범하고 착하면 살기 어려운 곳일 뿐인가? 나쁜 사람들이 승리할 수밖에 없는 곳인가?

수잔 케인은 잘나가는 변호사였다. 하지만 그녀는 상대방 앞에서 말하기를 불편해하는 본인의 성향을 파악하고 과감히 일을 그만두었다. 대신 그녀는 7년간 조용한 성향의 사람들에 대한 자료를 모으고 이를 바탕으로 책을 집필하였다. 그 책이 글로벌 베스트셀러 『콰이어트』이다. 이 책에서 그녀는 다음과 같이 말했다.

'이 세상은 온통 활발하고 외향적인 사람들로 가득 차 있고 이곳은 그들을 위한 곳 같다. 소심하고 조용한 사람은 이곳에서 결코 성공할 수 없을 것처럼 보인다. 하지만 자세히 살펴보면 그렇지 않다는 것을 알 수 있다. 뉴턴과 에디슨처럼 조용하고 산책을 좋아하고 사색적인 사람들도 세상을 변화시킨 것이었다.'

나의 성향은 바뀔 수도 있을까? 대학교 4학년, 취업을 앞둔 시점에서 나의 성향은 무엇인지 궁금하였다. 지인들에게 내가 어떤 성향을 가지고 있는지 물어보면 개인별로 조금씩 다르게 말해주었다. 그래서 좀 더 수치화된 객관적 검사가 필요하다고 생각하였다. 학교 취업상담센터에 가서 MBTI 성격유형검사를 실시하였고 결과에 대한 부연설명도 들었다. 2004년 12월 측정 검사 결과는 ESTP였다. 활발하고 유쾌한 성격을 지녔고 실제 경험을 중시하며 융통성이 있는 타입이라는 설명이 따랐다.

2005년 12월 삼성전자에 입사하였다. 신입 사원 연수 프로그램에 DISC라는 이름의 성격검사가 있었다. 검사지에 답을 마킹하고 결과를 확인해보니 I형이 나왔다. 이것 역시 외향적 성향이었다. 강사가 동일한 유형별로 사람들을 모여 앉게 하자 놀랍게도 I형은 성향에 맞게 시끄러웠다. 다른 유형 역시 그들의 성향을 예상할 수 있는 분위기였다. 한 명이 아니라 여럿이 있으니 더욱 성향이라는 것이 무엇인지 알 수 있었다.

그로부터 8년 후 다시 MBTI 검사를 해보았다. 검사 결과는 대학교 때와 전혀 달랐다. 전에는 외향적이라는 결과였다면 이번에는 내향적 유형이라는 결과가 나온 것이다. 검사 결과는 INFP였고, 이것은 대학 시절 받았던 ESTP와는 극과 극의 성향이었다. 어떻게 이런 결과가 나오게 되었을까?

이 검사 결과로 인해 의문이 생기기 시작했다. 상담해준 박사님은 두 가지 성격 모두 내가 가진 것일 수 있다고 말했다. INFP의 성격이 ESTP처럼 보일 수도 있고, 그 반대일 수도 있다는 것이다.

'과연 원래 갖고 있는 성향은 무엇인가?'

활발했던 내가 회사 분위기와 주변 상황 때문에 성격이 바뀐 것인가? 아니면 원래 조용한 것이 나의 성격인데 유쾌한 척하려고 일부러

행동했던 것인가?

정신분석학자 프로이트는 5세 이전에 성격이 형성된다고 했다. 그게 지금 당신이 가지고 있는 성격이라는 것이다. 즉, 5세 이전에 엄마와 어떤 상호작용을 했느냐가 중요하다는 의미다. 하지만 이미 서른이 넘은 우리는 5세 때의 일이 전혀 기억나지 않는다.

5세 때의 기억을 되살릴 수 없다면, 중고등학교의 학창 시절로 가보는 것은 어떨까? 그 당시 친구들을 만나서 본인이 어떤 학생이었는지 묻는 것도 좋다. 한 명이 아닌 여러 명에게 묻는 것이 더 좋겠다. 친구마다 각자 나에 대해서 기억하는 것이 다를 수 있기 때문이다.

만약 주변 친구들에게 묻기 어렵다면 스스로 조용한 곳에서 기억을 더듬어보는 것도 좋은 방법이다. 기억을 더듬어보고 종이에 적어보는 것이다. 그 시절의 나로 돌아가는 것이다. 물론 과거의 나로 돌아가기란 그리 쉽지 않다. 그래서 과거로의 여행이 필요하다. 그 당시 살던 지역, 내가 다녔던 초등학교, 중학교, 고등학교에 직접 가보고 그때의 감정을 느껴보는 것이 가장 좋다. 만약 현재 여건상 직접 가보기 어렵다면 그 당시 찍은 사진이나 책, 물건 등을 보고 만져보며 좀 더 옛날 기억으로 빠져들어보는 것도 좋은 방법이다.

이런 과정을 통해 그 시절의 나를 종합해보면 조용하고 평범하지만 나름대로 활발하게 지냈던 것 같다. 그렇다면 대학 때, 그리고 신입 사원 때 측정한 테스트 결과가 맞는 것 아니었을까? 유쾌한 나의 성향이 회사에서의 스트레스로부터 야기된 삶에 대한 힘듦으로 인해 깊숙이 내 안으로 숨어버린 것이라고 결론지을 수 있었다.

우리 주변에도 조용하고 소극적으로 보이는 사람들이 많다. 그들의 특징은 크게 몇 가지가 있다. 우선 자기주장을 잘하지 못한다. 게다가 힘이 없어 보이고 말도 적게 한다. 하지만 우리가 보는 그들의 원래 성향이 아니었을 수도 있다. 적극적이고 활발했으나 타인에 의한 끌려다님으로 인해 변한 것일 수도 있다. 지금까지 내 인생을 네 인생처럼 살아오고 있었던 것이다. 타인에게 휘둘리는 삶이었기에 남에게 보이는 성격까지 바뀌게 된 것이다. 실제 그들의 진짜 성격은 편한 친구, 가족과 있을 때 나타난다. 재밌고, 유쾌하고, 편안한 모습 같은 것 말이다.

그렇다면 하이퍼포머들은 문제가 없을까? 하이퍼포머란 성과로 인정받는 사람들을 말한다. 많은 사람이 본인의 인생을 스스로 개척하고 살아야 한다고 말한다. 성공한 사람들 스스로 본인은 그렇게 살았고, 살고 있다 말하곤 한다. 그들이 바로 하이퍼포머이다. 그들은 성과를 내고 인정받으면서 회사에서도 열정적으로 생활한다. 평범한 직장인의 눈에 그들은 끌려다니지 않고 스스로 끌고 가는 것처럼 보인다. 하지만 그들 역시 끌려다니는 삶을 살고 있는 경우가 많았다. 단지 끌려다니지 않는 것처럼 보일 뿐이었다.

삼성전자에서 근무할 때 회사에서는 능력을 인정받아 조기 진급을 하고, 업무에서도 거침없고 늦게까지 열심히 일하는 상사가 있었다. 회사 동료들에게도 잘하고, 상사와 부하 직원들에게도 인정받는 훌륭한 삼성맨이었다. 그런데 그런 상사에게도 문제가 있었다. 바로 가정에서

부인과 사이가 좋지 않았던 것이다. 그것을 알게 된 많은 사람은 부인보다 그 간부를 비난하기 시작했다. "집에 늦게 가니까 당연히 가정에 문제가 있지. 이혼 안 하고 사는 것만도 부인이 천사다. 역시 사람은 자세히 봐야 알 수 있다" 하는 식으로 험담했다. 결국 그 간부는 능력은 있지만 가정을 희생한 차가운 가장의 이미지로 남게 되었다.

많은 사람이 타인 앞에서 자기는 회사와 가정에서 문제가 없다고 말한다. 그런 사람들을 평범한 우리는 부러워한다. 그렇지만 현실을 들여다보면 그들의 속사정 역시 우리와 같다는 것을 쉽게 알 수 있다. 따라서 타인을 부러워할 필요 없다. 그저 한 번뿐인 내 인생을 주체적으로 살면 되는 것이다. 네 인생에 끌려다니지 말고 내 인생을 끌고 가면 되는 것이다.

한편, 직장에서는 가족 같은 인간관계를 바라면 안 될까? 정신분석 전문의 김혜남 원장은 직장에서 가족 같은 관계를 바라는 이유와 그것이 잘못된 이유를 설명했다.

가족은 혈연으로 만났지만 직장은 일로 만나는 관계다. 집안에서 문제가 생기면 대부분 서로 감싸주지만 직장에서는 그렇지 않다. 직장은 일, 즉 손해와 이득을 따지는 관계로 만난 사람들일 뿐이다. 그럼에도 가정과 직장을 동일시하며 혼동하는 사람이 많다. 일을 매개체로 성사된 계약관계에서 가족 같은 관계를 기대하는 것이다. 그렇다면 왜 직장에서 가족 같은 관계를 기대하고 혼동하는 것일까?

그 이유는 직장과 가족의 생리가 유사하기 때문이다. 아버지 같은 사장이 있으며, 중간에 조율하는 어머니 같은 상사들이 있다. 형과 친구 같은 선후배와 동료가 있다. 대부분 인생의 1/3 이상을 직장에서 보낸다. 그렇다 보니 직장에서의 인간관계를 가정에서의 관계와 비슷하다고 착각하는 것이다. 마지막으로, 가정이 그 사람의 배경을 나타내듯이 직장 역시 정체성을 나타내는 배경이라는 것이다.

직장은 일을 통해 만난 사람들이 일을 하는 곳이다. 어쩔 수 없이 상대적으로 잘하고 못하는 비교 평가가 생길 수밖에 없는 곳이다. 아무리 술자리에서 형님, 동생, 언니라고 불러도 회사에서 일할 때는 차장님, 과장님, 대리님으로 돌아갈 수밖에 없다. 가족보다 더 친한 회사 동료들이 생길 수도 있지만 그것은 단지 본인의 인간관계로 인한 것임을 많은 사람이 잊곤 한다.

직장의 한계점을 인지하여 업무를 수행하고 동료와의 관계를 설정해야 한다. 그렇게 한다면 내 인생, 네 인생을 나누고 스스로의 기준을 만들 수 있을 것이다.

CHAPTER 2

나의 상사, 어떻게 끌고 갈 것인가?

스스로 노예적 근성을 버리고
상사와 동급이라는 태도로 자신을 존중하고 행동한다면
꿈을 향해 한 걸음 내딛은 셈이다. 물론 당장 변할 수는 없다.
조금씩 노력하여 스스로 의사결정을 할 수 있는 역량을 키우는 것이 중요하다.
만약 지금 절박하다면 노력의 속도와 강도를 높여라.
변화는 반드시 당신에게 찾아올 것이다.

상사와 동급이라는 마인드로 당당하게 행동하라.

상사와 부하 직원의
동상이몽

프랑스의 소설가 뒤마는 작품 『삼총사』에서 '전체는 개인을 위해, 개인은 전체를 위해 존재한다'라고 했다. 이 말을 직장생활에 대입해보자.

'회사가 있기에 직장인이 있고, 직장인이 있기에 회사가 있다.'

과연 그러할까? 회사가 있기에 우리가 있는 것은 맞다. 그러나 우리가 있기에 회사가 있는 것은 아니다.

경제 상황이 좋을 때는 회사와의 공생관계가 가능하지만 불안정한 상황에서는 불가능하다. 불황이 닥치면 중소기업이든 대기업이든 적은 인원부터 많은 인원에 이르기까지 구조조정을 하고 사업을 축소한다. 회사는 직원들에 의해 만들어지는 것이나, 그것이 결코 모든 직원에게 해당되는 말은 아니다. 부하 직원들에게는 상사가 바로 회사이다. 상사가 불필요하다고 생각하는 직원은 승진이 정체된다. 결국 상사에게 찍힌 직원은 버티다가 타의로 퇴사하느냐 스스로 명예퇴직하느냐 하는 선택권을 가질 뿐이다. 이런 상황에서 직원이 있어야 회사가 있다고 이야기할 수 있겠는가?

한 회사에서 20년 일한 상사는 나이와 경력 때문에 다른 분야의 일을 시작하기가 어렵다. 다른 조직으로 가기도 불편하고 두렵다. 그들은 회사가 있기에 내가 존재한다고 생각하는 부류이다. 실제로 오랜 기간 근무하고 퇴직한 사람들은 회사를 고맙게 생각한다. 회사 덕분에 자식들 공부도 시키고 결혼도 시킬 수 있었기 때문이다. 정확히는 회사가 월급을 주었기에 가족들이 삶을 꾸려나갈 수 있었다고나 할까. 그 외에 프라이드, 소속감, 교육의 기회 등은 추가로 따라오는 것들이다.

하지만 경력이 짧은 부하 직원들은 본인이 있기에 회사가 있다고 생각한다. '회사보다 내가 우선이다. 내가 있어야 회사가 있는 것이다'라는 생각이 강하다. 따라서 상사와 부하 직원 간에는 동상이몽이 발생할 수밖에 없다.

몇몇 외국계기업과 삼성 등의 대기업은 젊은 직원들의 마음을 파악하여 몇 년 전부터 변화를 시도하고 있다. 삼성은 2009년 4월 1일부터 자유출퇴근제를 시행했다. 처음에는 모든 부서가 다 시행하지는 않았지만 시간이 지나자 제도가 정착되었다. 이 제도를 통해 젊은 직원들은 회사 역시 많이 노력하고 있다는 생각을 갖게 되었다. 개인적으로 현대자동차로 이직 후 가장 아쉬웠던 부분이 자율출퇴근제였다. 소소한 자유이지만 실제로 경험을 해보니 그 작은 자유의 소중함을 느낄 수 있었다.

물론 자유로운 분위기의 회사에서 일하는 경우에는 상사들과 부하 직원들의 생각이 비슷할 수도 있다. 하지만 국내 기업의 경우 대부분은 그렇지 않다. 어쩔 수 없이 동상이몽을 묵인하며 함께 일하고 있는 것이다.

상사들은 회사에 충성한다. 자기가 일하는 회사 명함이 곧 본인이다. 자기소개를 하면 회사, 직함, 직무가 먼저 튀어나온다. 이름은 마지막에 놓이는 것이 당연하다. 그들은 새벽같이 출근해서 본인의 상사들에게 불려 다니며 일을 한다. 상사들에게 회사는 바로 임원들이다. 임원들이 요구하면 상사들은 숙제를 받았다며 마감 기한이 닥치기 전에 빨리 끝내야 한다고 말한다.

부하 직원들이 생각하는 상사는 주로 지시하는 강압적 존재이고, 상사들이 생각하는 부하 직원은 게으른 이기적 존재이다. 이렇게 서로 다른 존재들이 같은 회사에서 일을 하고 있다. 10년이면 강산도 바뀐다는데, 상사와 부하 직원들의 세대 차는 이미 10년을 뛰어넘는다.

현재만 그럴까? 과거에도 그랬다. 기원후 79년 베수비오산 분화로 화산재에 묻힌 이탈리아 폼페이 유적이 있다. 그 건물 벽에 씌어 있던 낙서는 '요즘 젊은이들은 버릇이 없다'였다. 소크라테스 역시 "요즘 아이들은 폭군과도 같다. 아이들은 부모에게 대들고 게걸스럽게 먹으며

스승을 괴롭힌다"고 했다. 고대나 지금이나 나이 많은 사람들이 젊은
사람들을 보는 시각은 비슷한 듯하다. 그뿐만이 아니다. IMF 외환위기
당시 출간된 책들에는 그때 역시 젊은이들은 이제 더 이상 회사가 아닌
자기를 위해 일할 것이라 씌어 있다. 하지만 현재 40~50대가 된 그 당
시 젊은이들은 그들이 보았던 상사들의 모습과 너무 많이 닮아 있다.

그들은 상사가 되면 바꾸겠다고 말했지만 현실은 변하지 않았다. 그
들 역시 현실을 바꾸지 못한 것이다. 더구나 이미 현실에 길들여졌기에
틀을 바꾸기란 몹시 어려운 일이다.

2

닮고 싶은
멘토를 찾아라

한 취업포털 사이트가 직장인을 대
상으로 직장 내 멘토에 대해 조사를 했다. 그 결과 약 94퍼센트에 해당
하는 직장인이 직장 안에서 멘토가 필요하다고 대답했다. 멘토가 필요
한 순간은 '업무 처리에 어려움을 느낄 때'가 54퍼센트의 높은 비율로
1위를 차지했다. 대부분 일상생활보다는 '직장'에서 문제 해결을 위해
필요하다고 답했다. 그들이 멘토에게 배우고 싶은 것으로는 '업무 관련
지식'이 가장 높은 비율(37.5%)을 차지했다.

많은 학생이 학교를 졸업한 뒤 무지막지한 취업난을 이겨내고 회사
에 입성한다. 처음 신입 사원으로 입사하면 회사에서 필요한 교육을 받
고 실제로 업무에 적응하게 되는 것은 최소 6개월이 지나야 가능하다.

회사에서는 OJT(On The Job Training) 등을 통해 회사에 좀 더 빨리 적응할 수 있도록 도움을 준다. 현대자동차의 경우는 OJT 및 멘토링제도를 이용하여 신입 및 경력 사원이 입사하면 기존 팀에서 과장 이상을 대상으로 멘토로 선발한다. 멘토는 멘티의 회사생활의 고충을 덜어주고 빠른 적응을 도와준다. 하지만 실제 현업에서 도움이 많이 되는 멘토링제도임에도 불구하고 바쁜 현업으로 인하여 잘 활용되지 못하고 있다. 회사에서 억지로 맺어주는 멘토제도에는 어느 정도 한계가 있기 때문이다.

삼성전자에서는 멘토나 멘티가 되고 싶은 사람이 본인이 원하는 분야의 멘토, 멘티를 선정할 수 있다. 멘토가 되고자 하는 사람은 본인의 경험과 직무 등을 적어서 제출하고 멘토가 필요한 멘티들에게 도움을 주는 것이다. 이 경우는 자발적으로 이뤄지는 것이기에 좀 더 효과가 컸던 것으로 기억한다.

대부분의 직장에서 멘토와 멘티보다는 '사수-부사수'라는 말이 익숙할 것이다. 국제 멘토링 협회 이사 마고 머레이는 "멘토링이란 경험이나 스킬이 더 많은 사람이 경험이나 스킬이 더 적은 사람과 의도적으로 짝을 짓는 것"이라고 설명한다. 또한 "서로 합의된 목표에 따라 특정 역량을 키우고 개발하는 것"이라는 부연 설명도 덧붙였다. 이것이 바로 우리가 흔히 알고 있는 '사수-부사수'제도이다.

신입 사원은 사수에게 업무뿐 아니라 회사에 대한 생각 및 본인의 인생에 대해 배우기도 한다. 그렇지만 신입 사원들의 경우 경력이 짧아 회사생활에 대해 스스로 판단할 능력을 키우기 전까지는 사수의 말이 전부 옳다고 착각할 수도 있다. 특히 우리나라의 경우 연장자가 하는 말은 무조건 옳다고 판단하는 경우가 많다. 사수의 생각이 옳고 그른지를 판단하지 않고 그냥 믿어버리는 경우도 발생하는 것이다.

멘토라는 말은 호메로스의 『오디세이아』에 기록된 일화에서 유래되었다. 기원전 1,200년경 이타카의 왕 오디세우스는 트로이 전쟁에 출정하기 위해 떠날 차비를 한다. 오디세우스는 긴 항해를 시작하기 전, 자기 가문을 지킬 보호자를 정한다. 그 후 10년간 이 보호자는 오디세우스가 정한 대로 가문을 성실히 지킨다. 그는 오디세우스의 아들인 텔레마코스의 스승이자 조언자, 친구, 아버지, 대리인으로서의 역할을 믿음직스럽게 수행한다. 이 보호자의 이름이 바로 멘토르(Meontor)이다.

이런 유래로 보았을 때, 멘토-멘티의 관계는 단순히 지식이나 업무를 나누는 관계가 아님을 알 수 있다. 우리 역시 인생 전반의 배움을 얻고 싶을 때 멘토를 찾는다.

당신은 회사에서 멘토가 있는가? 있다면 회사생활을 현재 잘하고 있는 것이다. 회사에서 멘토를 찾기란 쉬운 일이 아니기 때문이다. 그렇다면 지금 당신 곁에 있는 과장, 차장, 부장을 멘토로 모실 수 있는가? 대부분 "아니다"라고 답할 것이다. 만약 그들이 당신의 멘토라고 자신 있게 대답할 수 있다면 현재 당신은 비전 있는 일을 하고 있는 것이다. 대부분의 직장인은 상사들을 통해 5년, 10년, 20년 후의 자기 모습을 보면서 암울해하기 때문이다.

그렇다면 멘토를 어떻게 찾아야 할까?

첫째, 사내에서 멘토를 찾는다.

회사 안에서 멘토를 찾는 것이 가장 좋은 방법이다. 매일 보거나 매일 보지 못하더라도 자주 접할 수 있는 멘토를 옆에 둔다는 것은 행운이다. 회사에서의 멘토는 그저 지금 잘나가고 있는 상사가 아니다. 지금 일하고 있는 회사와 팀, 업무 등을 고려하고, 당신의 주변 환경을 고려해서 누구를 멘토로 삼고 싶은지 고민해보자. 회사가 정해주는 업무적 관계에서의 멘토가 아니라 아랫사람이 존경할 만한 윗사람을 멘토로 골라야 긍정적 발전이 가능하다.

둘째, 사내에 멘토가 없다면 밖에서 멘토를 찾는다.

회사 내에서 멘토를 찾으려고 노력하지만 대부분 실패한다. 항상 업무로 얽혀 있는 관계라 좋지 않은 모습들을 너무 많이 접하기 때문이다.

그렇다면 어떻게 해야 할까? 사내에서가 아닌 외부에서 멘토를 찾으면 된다. 굳이 회사에서가 아니더라도 당신이 원하는 분야의 멘토를 찾을 수 있다. 정보가 공유되고 지식이 범람하는 시대 아니던가. 멘토를 찾고자 한다면 결코 어렵지 않다.

단, 정말 멘토로 여길 만한 사람인지 확인할 판단력과 혜안은 본인에게 반드시 필요하다. 이를 위해서는 본인 스스로 어떤 분야에 관심이 있는지 미리 확실하게 아는 것이 중요하다. 업무적인 것이라면 그 분야에 맞는 인물을 찾으면 되고, 전혀 다른 분야일지라도 밖에서 찾을 수 있다. 한 가지 덧붙이자면, 멘토가 반드시 한 명일 필요는 없다.

셋째, 멘토가 어떤 사람이나 위인일 필요는 없다.

『나는 성공의 지도를 보고 간다』, 『나는 도서관에서 기적을 만났다』, 『40대 다시 한 번 공부에 미쳐라』 등의 책으로 유명한 전직 삼성맨 출신의 김병완 작가는 도서관과 책이 본인의 멘토였다. 어떤 한 인물이 아니라 도서관에 있는 모든 책 자체가 그의 멘토라고 할 수 있었다. 그는 도서관에서 3년 동안 1만 권의 책을 읽고 그것들을 정리하는 작업을 통해 작가가 되었다. 그 역시 도서관의 위대함을 그의 책 속에서 표현하기도 했다.

'불혹이 되기 전까지 스스로를 제대로 알지 못했다. 그냥 남들이 살았던 인생을 답습하며 타인의 삶을 살아왔다. 자신이 누구인지, 무엇을 할 수 있는지를 잃어버렸고, 그냥 하루하루 타인이 원하는 삶을 아무

목적 없이 살고 있는 자신을 발견했다. 그 순간 회사를 그만두고 부산으로 내려갔다. 어떤 이유는 없었고, 그냥 도서관에서 책을 읽기 시작했다. 도서관에서 책을 읽으며 읽은 책들의 수가 늘어갈수록 나 자신이 누구인지 더 많이 알게 되었다.'

그는 현재 작가와 강연자로서 새로운 삶을 살고 있다.

세계적인 컨설팅 회사에서 애널리스트와 트레이더로 일했던 코너 우드먼 역시 마찬가지였다. 그는 잘 다니던 회사를 그만두고 세계일주를 시작했다. 이를 통해 그는 많은 것을 배울 수 있었다. 그는 수단에서 낙타를 사고팔고, 중국에서는 옥을 사고팔았다. 그에게는 세계일주 자체가 바로 멘토였다. 그는 세계일주를 통해 배운 사실을 다음과 같이 말했다.

"우리는 누구나 자신만의 세계에 갇혀 살고 있기 때문에 지금 당장 자신에게 닥친 문제에만 온 정신을 쏟고 있는 것이다. 그렇지만 그 문제들은 결국 시간이 지나면서 내 주변의 다른 것들까지 영향을 미친다."

우리 역시 마찬가지다. 사내 업무를 통해 편협하게 세상을 보기도 한다. 신입 사원 시절에는 선배의 말을 무조건 옳다고 믿는 경우가 많다. 시간이 지날수록 회사생활에서 조금씩 본인의 생각을 주도적으로 표현하게 된다.

넷째, 사내 혹은 외부에서 멘토를 찾기 어렵다면 스스로 멘토가 된다.

유명한 작가이자 자기계발 강사인 스펜서 존슨은 이렇게 말했다.

"우리 모두는 학생인 동시에 스승이다. 우리는 배울 필요가 있는 것을 스스로에게 가르칠 때 최상의 능력을 발휘한다."

멘토를 못 찾겠다면 자신이 스스로 멘토가 되어보는 것도 좋다. 내가 나를 가르치고, 어제보다 오늘이 좀 더 낫도록 독려하고 칭찬도 해주는 것이다. 그리고 나중에는 후배들에게 멘토가 되어보는 것은 어떨까? 그런 모습으로 열심히 생활한다면 당신을 멘토로 삼고 싶다는 후배가 생길 것은 분명하다.

나는 상사의
노예인가?

　　　　　　　　　　'어느 누구도 노예 상태로 예속된 삶을 유지해서는 안 된다. 모든 형태의 노예제도와 노예매매는 금지되어야 한다.'

　이는 세계인권선언 제4조이다.

　역사상 노예는 어느 시대에나 존재했다. 1980년 7월 5일, 지구상 마지막 노예제도 국가였던 모리타니가 노예제 불법화를 선언하였고 이로써 온 지구상에서 공식적인 노예제도가 사라졌다. 미국과 우리나라에서도 노예제도가 사라진 것은 그리 오래되지 않았다. 미국은 1865년 남북전쟁이 끝나고 노예제도가 폐지되었다. 우리나라는 1894년 갑오개혁 때 사노비 해방정책으로 노예제도가 완전히 폐지되었다.

그렇지만 아직도 비공식적으로 노예제도가 존재하는 곳이 있다. 바로 회사이다. 회사와 상사는 곧 우리의 주인이다. 당신은 아니라고 말할 수 있는가? 돈을 받고 일하기에 노예가 아니라고 말할 수 있는가?

상사들은 당신에게 다양한 지시를 내린다. 그중 당장 완료해야 하는 긴급 업무들도 많다. 이런 업무는 시간이 부족하기 때문에 더욱더 상사와의 커뮤니케이션이 중요하다. 상사의 의중을 미리 알아야 하고, 보고를 받는 자가 원하는 방향이나 올바른 결정을 내릴 수 있도록 보고서를 작성해야 하는 경우도 있다. 게다가 짧은 시간이지만 향후 문제가 없도록 업무를 처리해야만 한다.

하지만 상사와 업무 이야기를 하고 나면 이상하게 힘이 빠지고 정신이 아득해진다. 누구나 한 번쯤 이런 경험을 해보았을 것이다. 상사들 중 유독 그 앞에만 서면 주눅이 들고 할 말도 하지 못하고 아까 먹은 게 식도에 걸린 것처럼 답답했던 경험이 있을 것이다. 특히 조직문화가 군대와 같은 회사의 경우 이런 현상이 좀 더 강할 수 있다. 상사들 역시 지시를 받으며 회사생활을 해왔기에 지시하는 것이 익숙하기 때문이다. 이것은 서로 대화하는 것이 아니라 상사 혼자만의 일방적 통보라고 생각할 수밖에 없다. 이미 경험해본 선배들은 남자 직원들에게 "군대 한 번 더 왔다고 생각해라"라고 말하곤 한다.

회사를 군대라 생각하고 생활하기에는 앞으로 남은 기간이 너무 힘들다. 전역하려면 까마득하기 때문이다. 자유롭게 살고 싶어서 돈을 버는 것인데, 현재 나의 삶이 상사의 노예라는 생각이 든다면 가슴 한구

석이 먹먹해질 것이다.

노예라는 생각이 드는 것은 당신이 상사에게 끌려다니기 때문이다. 이런 삶은 상사가 퇴근해야 집에 갈 수 있고, 상사가 주말에 출근하라면 나갈 수밖에 없다. 상사가 갑자기 회식을 하자고 하면 원래 있었던 약속을 취소하고 따라가야 한다.

우리는 상사의 노예가 아니다. 업무의 노예도 아니다. 우리가 일하는 이유는 가족을 부양하고 자기계발과 자아성찰을 하기 위해서가 아닌가? 한마디로 말해 스스로 행복하기 위해서인 것이다.

그렇다면 이런 상사들에게 우리는 어떻게 행동해야 할까? 경영학의 대가 피터 드러커는 상사를 다루는 방법에 대해 다음과 같은 가이드라인을 제시했다.

첫째, 상사란 평범한 인간이다. 상사는 괴물도 아니고 천사도 아니다. 둘째, 상사 역시 자신의 일로 바빠서 타인을 돌볼 수 없다. 결코 상사에게 내 마음을 이해해달라는 식으로 투정을 부려서는 안 된다. 셋째, 상사는 부하를 위해 많은 시간을 사용하고 있다고 여긴다. 상사도 자신의 일에서 자유롭지 못하고 시간적 여유가 없다. 넷째, 상사를 과소평가하지 말라. 상사를 과대평가한다면 결과는 단지 실망뿐이겠지만, 과소평가한다면 향후 어떤 보복 조치를 당할지 모른다.

혹시 당신은 상사들에게 너무 많은 것을 요구하거나 바라고 있지는 않았는가? 피터 드러커의 말을 잊지 말고 상사들에게 끌려다니는 노예가 아닌 그들을 끌고 갈 수 있는 주체가 되어야 한다. 어차피 회사생활이 노예처럼 갇혀 있는, 끌려다니는 삶이라고 한다면 로마 시대에 존재했던 자유노예가 되자는 것이다.

자유노예가 되어 회사생활을 하는 것은 구속받는 노예로 생활하는 것과는 전혀 차원이 다르다. 스스로 주체적으로 판단할 수 있고, 주인의 눈치를 보는 것이 아니라 주인이 눈치를 보게 하는 것이다. 그러기 위해서는 상사와 회사가 나를 평생 돌봐줄 것이라는 노예적 근성을 버리는 게 우선이다. 나 자신을 소중히 여기고 당당한 태도로 상사들과 동급이라는 마인드를 가져야 한다.

버크셔 해서웨이의 회장인 오마하의 현인 워런 버핏은 네브래스카 대학에서 강연을 하게 되었다. 그는 강의실을 가득 채운 학생들에게 말했다.

"난 사실 여러분과 전혀 다르지 않습니다."

세계에서 몇 손가락 안에 뽑히는 가장 부유한 사람이 경제적으로 가난한 학생들과 다르지 않다는 말을 하자 학생들은 웃기 시작했다. 그러자 워런 버핏은 다음과 같이 말했다.

"나는 여러분보다 돈이 더 많을 수 있습니다. 하지만 그것은 큰 차이가 아닙니다. 물론 나는 비싼 양복을 사서 입을 수 있고, 비싼 고급 음식을 먹을 수도 있습니다. 하지만 비싼 양복을 입어도 내가 입으면 싸구려처럼 보이고, 내 입맛은 패스트푸드의 햄버거가 더 맞습니다."

많은 학생은 그다음에 무슨 말이 나올까 하는 호기심어린 눈초리로 그를 바라보았다. 워런 버핏은 그 시선을 느끼며 말을 이어갔다.

"단지 학생 여러분과 나 사이의 차이가 있다면, 그것은 나는 매일 아침 일어나서 하고 싶은 일을 할 수 있다는 것입니다. 이 말이 여러분에게 해주고 싶은 최선의 충고입니다."

우리는 워런 버핏처럼 지금 당장은 하고 싶은 일을 할 수 없을지도 모른다. 하지만 스스로 노예적 근성을 버리고 상사와 동급이라는 태도로 자신을 존중하고 행동한다면 꿈을 향해 한 걸음 내딛은 셈이다.

물론 당장 변할 수는 없다. 조금씩 노력하여 스스로 의사결정을 할 수 있는 역량을 키우는 것이 중요하다. 만약 지금 절박하다면 노력의 속도와 강도를 높여라. 변화는 반드시 당신에게 찾아올 것이다.

4

나를 힘들게 하는 자, 상사

2013년 직장인들 사이에서 가장 사랑받았던 만화는 바로 윤태호 작가의 〈미생〉이었다. 한국기원 연구생으로 들어가 프로기사만을 목표로 살아가던 청년 장그래가 입단에 실패한 뒤 원 인터내셔널이라는 대기업 종합상사에 입사해 회사원으로 성장해가는 과정을 그린 만화였다. 미생은 문화체육관광부 오늘의 우리 만화, 대한민국 콘텐츠 대상 만화 부문 대통령상 등을 휩쓸었다. 작가가 만들어낸 바둑과 사회생활의 상관관계, 회사 안에서 벌어지는 많은 일이 백만 직장인들을 사로잡았다.

만화 속에서 비정규직으로 사회생활을 시작하는 장그래는 "상사가 곧 회사죠. 상사가 좋으면 회사가 천국, 상사가 엿 같으면 회사가 지옥"

이라는 말을 듣는다. 어떤가? 공감하는가? 월급을 주는 것은 상사가 아니고 회사지만 나에 대한 평가나 인사권을 휘두르는 것은 회사가 아니라 바로 상사이다.

많은 직장인이 인간관계에서 스트레스를 가장 많이 받는다고 한다. 동료, 가족, 친구 들과 이야기 나눠보면 상사 때문에 회사를 그만두겠다는 사람들이 많다. 삼성전자와 현대자동차를 다니는 동안 느낀 것 역시 상사 때문에 회사를 그만두는 사람들이 많다는 점이다. 물론 퇴직에는 업무, 출퇴근 거리, 하고 싶은 일, 근무 환경 등도 영향을 끼칠 수 있다. 그렇지만 상사와의 갈등으로 시작된 스트레스야말로 어떻게 인생을 살아야 하는지 다시 한 번 생각하는 계기가 되는 경우가 다반사이다.

주변 동료들과의 트러블은 소주 한 잔으로 해결될 수 있지만 상사와는 불편하다. 불만이 쌓이지만 참고 일하다가 결국 퇴사를 생각하면서 상사에게 돌직구를 날린다. 남은 직원들은 곧 회사를 떠날 동료의 모습을 보고 상사가 변하기를 바란다. 하지만 상사는 전혀 변하지 않는다. 아니 변할 수 없다. 이미 오랜 기간 현재의 성격과 업무 스타일 등으로 살아온 상사가 하루아침에 바뀐다면 기적이 아니겠는가.

삼성전자는 인사평가 시 부하 직원이 퇴사를 많이 했는지, 팀을 옮기고 싶어 하는지 여부 등으로 상사의 고과를 평가하고 불이익을 주었다. GWP 평가를 통해 어느 날 팀장이 팀원으로 내려가는 경우도 있었고, 다른 부서로 전배를 가는 경우도 있었다. 하지만 그것은 일부분이었을 뿐, 실제로 그렇게 하지 못하는 경우가 더 많았다. 상사들 역시 한 가정의 경제를 책임지는 아버지, 어머니이기에 인지상정이 존재할 수밖에 없는 것이다.

물론 요즘 부하 직원들은 예전 같지 않다고, 알아서 잘 대접해줘야 하고, 시키는 대로 업무를 하지 않는다고 투덜대는 상사도 있다. 그들은 본인이 사원, 대리 시절에는 그렇게 생활하지 않았다고 말한다.

삼성전자에서, 부하 직원들의 의견에 동조할 수 없다고 말하는 상사가 있었다. 그는 그의 부하 직원들이 심사숙고하여 제기하는 의견에 전혀 귀 기울이지 않았다. 이야기를 해보라고 하지만 말을 하면 듣지 않는 태도를 가지고 있었던 것이다. 그러고도 본인의 사원, 대리, 과장 때 시절을 늘어놓으며, 그 시절이 지금의 본인을 만들었다고 자화자찬한다. 그러나 그 당시 본인의 삶에 대해서 스스로 말하는 것은 신빙성이 떨어질 수밖에 없다. 그렇기에 부하 직원들과의 공감대가 전혀 형성되지 못하는 것이다.

그것은 마치 본인이 리더십이 있고 능력 있다고 스스로 말하는 면접자 같은 것이다. 본인의 말이 아니라 증거, 행동, 결과 등으로 본인을 보여줘야 한다. 증거와 행동 없이 리더십이 있다고 말하는 것처럼 신뢰성이 없는 것도 드물다.

과거에는 더 힘들었다는 말도 마찬가지다. 물론 과거에는 지금보다 더 힘들었을 수 있다. 그리고 상사들이 말하는 과거보다 그전에는 더 힘들었을 것이다. 지금 힘들어하는 부하 직원들이 상사가 되면 똑같은 말을 할지도 모른다. 이것을 심리학 용어로 보상심리라고 한다. '내가 힘들었던 것에 비해 너희는 지금 힘든 것도 아니고, 좋은 환경에서 근무하고 있다'는 것이다. 그리고 더 힘들어도 된다는 생각이 진짜 속마음이다. 시집살이를 시키는 시어머니, 후배들 괴롭히는 선배, 동생 괴롭히는 형이나 오빠, 후임을 훈육하는 선임이 대표적인 예이다.

이런 마음을 가지고 있는 상사들과는 이야기가 통할 수 없다. 부하직원들의 마음을 전혀 이해하지 못하기 때문이다. 후배들의 현재 모습이 본인이 과거 했던 일에 비하면 아무것도 아니라는 생각이 들어서 상사들은 화가 난다. 하지만 과거에는 회사에 없었던 부하 직원들이 상사의 입에서 나오는 과거 행적을 어떻게 이해하겠는가? 혹시 직접 상사가 되면 이해할 수 있을까? 그렇다면 지금의 상사와 과연 무엇이 다른 걸까?

당신은 날마다 상사들 때문에 힘들다. 당신을 보면 괴롭히려고 안달이 난 것 같기 때문이다. 그런데 실제로 상사들도 힘들다.

서울대학교 송호근 교수의 『그들은 소리 내 울지 않는다』라는 책을 보면 이 시대의 50대 인생에 대해 잘 알 수 있다. 50대라면 회사의 부장, 임원급에 올랐을 나이이다. 그들이 힘들어하는 것을 알면 그들을 조금 더 이해할 수 있을 것이다. 상사들도 운다. 다만, 소리 내 울지 않을 뿐이다.

당신은 그들처럼 되지 않을 자신이 있는가? 절대 40, 50대가 되지 않을 것 같은가? 말한 적은 없지만 혹시 가끔 그들의 모습이 부럽지 않은가? 자식들 대학까지 보내고 결혼만 시키면 부모로서의 삶을 완성하게 되는 그들의 모습 말이다.

그렇다면 우리는 어떻게 해야 할까? 상사들의 삶을 똑같이 경험하면서 배워나가야 할까? 상사들이 나만 힘들게 하는 듯한 기분을 어쩔 수 없이 운명처럼 받아들여야 할까? 어쩔 수 없으니 참고 견디면 좋은 날이 올 것이라는 마음으로 인내할 수밖에 없는 걸까? 만약 지금 당장 상사들이 당신을 비난하는 것 같고 힘들게 한다고 판단된다면 이 말을 기억하라.

"당신이 동의하지 않는 한 이 세상 그 누구도 당신이 열등하다고 느끼게 할 수 없다."

이는 미국에서 가장 존경받는 여인인 루스벨트 대통령의 영부인 애너 엘리노어 루스벨트가 한 말이다.

상사들이나 주변 동료들이 당신을 '일을 못한다' 혹은 '문제가 있다'고 평가할 수도 있다. 하지만 스스로 동의하지 않는 한 열등한 것이 아니다. 물론 결단코 스스로 동의해서도 안 된다.

5

경력은
실력이 아니다

경력이 꽤 된다고, 경험이 많다고 전문가라고 할 수는 없다. 말콤 글래드웰은 『아웃라이어』에서 '1만 시간의 법칙'을 이야기했다. 모든 사람이 1만 시간 이상을 한 분야에 집중하여 일한다면 전문가가 된다는 것이다. 그래서 많은 이가 『아웃라이어』에 열광했다. 본인이 전문가가 아닌 이유는 아직 1만 시간이 안 되었기 때문이라고 생각하고, 최소 1만 시간을 하면 전문가가 될 것이라고 생각했기 때문이다.

과연 1만 시간만 하면 전문가가 될까? 회사에는 1만 시간 이상 되는 경력을 가진 사람들이 많이 있다. 그들은 과연 전문가일까? 하다못해 당신이 1만 시간 이상 근무를 지속하였다면 전문가라고 칭할 수 있겠는가?

우리는 매일 회사에서 최소 여덟 시간 이상 일한다. 간단하게 하루 여덟 시간씩만 일한다고 할 때 연간 약 1,900시간을 일하게 된다. 5년 3개월만 지나면 말콤 글래드웰이 말한 전문가가 되어야 한다. 만약 야근으로 하루 열두 시간 이상 일하고 주말에도 일하면 기간이 줄어들 것이다. 어쨌든 회사에서 5년 정도면 대리 직급이다. 과연 대리를 전문가라고 할 수 있는가? 회사에서는 최소한 과장 이상은 되어야 전문가라고 인정받는다. 과장은 최소 8~9년 이상 관련 업무를 해야 달 수 있는 직함이다.

그렇다면 회사에서 1만 시간 이상 근무해도 전문가가 되지 못하는 것은 무엇 때문일까? 또한 전문가는 과연 어떤 사람들일까?

1만 시간 이상 일을 할지라도 단순히 숙련가에 그칠 수 있다. 우리는 종종 전문가와 숙련가를 혼동한다. 전문가를 뜻하는 영어 단어인 'Expert'를 'Specialist'라고 혼용해서 사용하곤 한다.

전문가는 자기 분야에서 성취한 지식과 경험을 토대로 새로운 문제 해결 방식을 추구하는 과정에 있는 사람이라고 할 수 있다. 즉, 의사나 변호사 같은 전문 직종이 아니라도 우리는 각 분야의 전문가가 될 수 있다. 전문가란 자신의 분야에 대한 깊은 통찰력을 갖고 있으며, 모험 정신으로 끊임없이 노력하는 사람이다.

이에 반해 숙련가는 비교적 좁은 영역의 전문 직종에서 종사하며, 자신의 분야에 대한 지식과 경험을 가지고 있지만 틀이 잡힌 일정한 형태의 문제 해결 방식을 고수하는 사람이다. 이처럼 회사에서 어떻게 일을 하느냐에 따라, 전문가와 숙련가의 차이점을 나타내는 전문성을 갖느냐 갖지 못하느냐의 차이가 따른다.

우리가 흔히 회사에서 전문가라고 말하는 이들이 혹시 숙련가는 아닐까? 오랜 기간 일했기 때문에 경험에서 쌓은 지식들을 가진 사람 말이다. 그렇다면 상사들이 오랜 기간 일해서 얻은 지식을 부러워할 필요는 없다는 결론이 나온다. 시간이 지나면 우리 역시 당연히 알게 될 것이기 때문이다. 단지 상사들이 회사생활을 우리보다 조금 더 오래했기에 먼저 아는 것뿐이다.

나는 삼성전자 휴대전화 설계 연구원에서 현대자동차의 구매 업무로 이직하면서 전혀 다른 회사와 직무에서 오는 혼란스러움에 애로가 많았다. 이직 후 직급만 대리였지, 모르는 것은 신입 사원과 매한가지였다. 자동차 관련 용어가 생소하여 무슨 말인지도 잘 몰랐다. 묻고 스스로 노력해 최소한 무슨 말인지 알아들을 정도까지는 되었지만 그것만으로는 부족했다. 상사들의 경험을 이길 수는 없었고, 보고할 때마다 질책을 받는 일들이 계속되었다. 이에 몸으로 느낀 결론은 바로 시간을 무시할 수 없다는 것이었다. 더불어 그들이 그 분야의 전문가라고 반드시 말할 수는 없다는 것 또한 느끼게 되었다.

유명한 저널리스트 대니얼 코일은 한 분야의 열정, 계획된 훈련, 좋은 코치가 재능을 단련시킨다고 주장한다. 하지만 우리는 지금 하고 있는 일에서 큰 열정을 찾지 못할 수도 있고, 계획적으로 훈련을 하고 있는지 어떤지도 명확하지 않으며, 회사에서 좋은 코치를 찾기 어려울 수도 있다.

회사생활을 하면서 나는 어떤 한 분야에 전문가가 되고 싶었고, 평생 할 수 있는 일을 찾아 그것을 즐겁게 하고 싶었다. 지금 생각해보면 그런 일은 없는 것이다. 단지 본인이 어떤 마음을 갖고 일을 하느냐와 그 일을 할 때 몰입으로 혼연일체가 될 수 있는지가 중요한 것이었다. 일에 재미가 없다면 스스로 재미있도록 만들어야 하는 것이었다. 자신이 계획하고 일함으로써 본인의 발전을 도모해 나아가야 하는 것이었다.

회사생활을 하다 보면 가끔씩 하기 싫은 일이지만 집중이 잘되어 시간 가는 줄 모르는 경험을 한 적이 있을 것이다. 그것이 바로 몰입이고 그렇게 일을 많이 할수록 본인의 역량이 커질 수 있다. 그리하여 본인이 어떤 분야에 '온니원(Only One)'이 된다면 그것이 평생 할 수 있는 일인 것이다.

회사에서 직급이 높고 오랫동안 일을 한 사람들을 두는 이유가 있다. 회사 입장에서는 연봉을 많이 줘야 함에도 불구하고 그들을 계속 고용하는 이유는 바로 그들은 단순히 시키는 일만 하는 것이 아니기 때문이다. 최소한 어떤 보고를 하기 전에 맞는지 틀리는지를 수차례 검토하고 나아갈 방향에 대해 끊임없이 생각한다. 시키는 일만 하는 것이 아니라 생각을 하고 판단을 하기에 높은 연봉을 받는 것이다.

게다가 회사가 갑자기 경영상 어려운 일이 생기거나 예상 밖의 돌발 상황이 발생했을 때 그들의 존재는 빛을 발한다. 연륜이 쌓인 사람이 있어야 중심을 잡을 수 있고, 연차가 낮은 직원들의 동요를 막을 수 있기 때문이다. 그래서 컴퓨터도 잘 다루지 못하고, 스마트폰 기능도 어려워하는 상사들이 필요한 것이다. 연륜을 무시하지 못한다는 것이 바로 이 말이다. 물론 그 분야에 얼마나 오랫동안 있었느냐는 당연히 실력과는 다를 수 있다. 오랜 기간 해당 분야에 종사해왔고 실력도 갖췄어야 그 분야에서의 전문가라고 할 수 있다.

그렇지만 경력이 짧고, 일에 서툴다고 하여 좌절할 필요는 없다. 경력이 길고 경험이 많다고 반드시 성공하는 것은 아니기 때문이다. 경력이 많다고 회사에서 오랫동안 활동할 수 있는 것도 아니다. 경력이 전무하지만 기업을 설립하고 성공하는 젊은 CEO들도 있지 않은가! 그들은 회사생활을 통해 스스로에게 꼭 필요한 경험을 하였고 온니원이 되기 위한 노력을 기울인 것이다. 일을 잘하느냐 못하느냐는 타인의 평가가 중요한 것이 아니라 스스로의 노력이 어떠했느냐가 척도이다.

회사생활에서 넘버원보다 온니원이 더 중요한 까닭도 바로 이것이다. 어느 분야에서 최소한 1만 시간이 되지 않는 경우, 오랜 기간 일한 상사들과 싸워서 넘버원이 되기란 무척 어렵다. 즉, 넘버원은 바로 출혈 경쟁이고 온니원은 바로 김위찬 교수가 말한 블루오션전략과 일맥상통한다. 회사에서 상사들과 함께 일해야 하는 우리 30대는 넘버원보다는 온니원이 될 방법을 배워야 한다. 온니원이 되는 방법이 넘버원보다는 쉬울 수도 어려울 수도 있겠다. 그러나 스스로 좋아하는 것을 찾아서 지속적으로 한다면 넘버원보다는 오히려 쉬울 수도 있다.

다시 말하지만 경력은 절대로 실력이 아니다. 상사들은 지금 당신보다 조금 더 많이 아는 것이고, 그것은 시간의 덕분일 뿐이다. 당신이 그런 것 때문에 힘들어하거나 스스로 못났다고 생각할 필요는 없다. 만약 업무에서 즐거움을 찾을 수 없다면 업무 외적인 다른 분야에서 온니원이 되면 된다. 그리고 스스로 갈고닦은 그 무기를 가지고 세상으로 거침없이 뛰어들면 된다.

당신이 아직 어떻게 해야 하는지 모르는 것은 당연하다. 그래도 이런 마음을 가졌다는 것만으로도 반은 성공한 것이다. 시간은 젊은 당신 편이다. 결코 인생에서 늦은 것이 아니다.

6

최악의 상사를
대면하라

미국 NBC에서 방영 중인 인기 코미디 프로그램 〈오피스〉에는 자신이 이 세상에서 가장 좋은 보스라고 믿는 최악의 보스가 한 명 등장한다. 과연 그는 정말 최악의 보스인가? 함께 일하는 모든 부하 직원이 그를 싫어하는 것으로 판단해보자면 그는 좋지 않은 보스임에 틀림없다. 그렇지만 기업마다, 직종마다 원하는 인재상이 다르듯 환경에 따라 최악의 상사 역시 그럴 수 있다.

과연 최악의 상사는 어떤 사람일까? 최악의 상사를 정의하는 기준은 개인마다 다를 수 있다. 최악의 상사인 줄 알았는데 조직 개편으로 막상 상사가 바뀌고 보니 기존 상사가 그나마 나은 경우도 있다. '구관이 명관이다'라는 속담은 바로 이럴 때 쓰는 말이다. 새로 온 천사 같은 상사가 실제로 시간을 두고 겪어보니 최악의 상사! 물론 사람마다 성향과 직급에 따라 최악의 상사를 정의하는 기준 역시 다를 테지만……

간단히 세상에는 두 종류의 상사만 있다고 가정해보자.

① 착하지만 위에서 일을 못한다는 평가를 받고 있다.
② 부하를 욕하고 괴롭히지만 위에서 좋은 평가를 받고 있다.

사람들마다 생각하는 최악의 상사는 다르겠지만 가장 압도적인 유형의 상사가 바로 위의 두 부류일 것이다. 당신은 어떤 상사 밑에서 일하고 싶은가? 가장 좋은 것은 일 잘하고 사람도 좋은 상사일 것이나, 그런 상사들은 꼭 나의 상사가 아니고 다른 팀에 있다.

취업포털 사이트가 직장인을 대상으로 설문조사를 실시한 결과, 직장인 상사 불만 1위로 '부하에 대한 배려 부족형'이 뽑혔다. 그중 응답자의 88퍼센트가 '상사가 불만족스럽다'고 답했다.

일은 결국 나 스스로 하는 것이고, 시간이 지나면 익숙해질 수밖에 없는 것이다. 설문조사 결과와 마찬가지로 부하 직원에게는 인격적으로 모독을 주는 상사보다 일은 조금 못하지만 인간성이 좋은 상사가 더 낫다고 생각한다. 회사는 다 큰 어른들이 함께 모여 생활하는 곳이다. 일에 대한 업무 처리가 미숙하다고 해서 부하 직원들이 인격적 모욕을 받을 의무는 없다. 이런 상사들은 흔히 부하 직원에게 심하게 화를 낸 후에 본인은 뒤끝이 없다고 말하곤 한다.

　과연 정말 그러할까? 실제로 그들은 뒤끝이 굉장히 심하다. 부하 직원에게 질책할 일이 생기면 과거에 잘못했던 일까지 끄집어내며 대로(大怒)와 더불어 항상 잘못한다는 식으로 이야기를 한다. 진정으로 뒤끝이 없고, 그 당시 상황만을 가지고 판단하는 사람은 거의 없다. 사람은 누구나 상대방을 대할 때 과거의 경험을 들춰보기 때문이다. 흔히 선입견이라고 부르는 게 바로 이것이다. 과거의 경험이 유쾌하고 좋았다면 기분 좋은 상태로 부하 직원을 대한다. 하지만 과거에도 상사의 입장에서 부하 직원의 잘못 때문에 화를 냈던 경험이 있다면, 이미 기분이 좋지 않은 상태가 되기 쉽다.

상사는 결코 바뀌지 않는다. 직장인 대부분은 흔히 '언젠가 좋은 날이 반드시 오겠지'라고 생각하며 하루를 버틴다. 일주일, 한 달, 일 년, 3년…… 그렇게 계속해서 참고 버틴다. 버티다 보면 언젠가 본인과 주변 동료들이 생각하기에 예전보다 더 나은 그런 날이 왔다고 생각할 수도 있을 것이다.

그런데 그것이 정말 좋은 날일까? 상사에 의해 본인의 회사생활이 좌지우지되는 상황을 바꾸지 못하고 그냥 기다릴 수밖에 없는 현실이 안타깝지는 않은가?

현대자동차에서 몇 년 전 권위적인 상사와의 관계로 힘들었을 때 주변 동료가 이야기해준 게 있었다.

"파도가 오면 땅바닥에 바짝 엎드려서 파도를 피하면 된다. 파도가 지나가면 바다는 잠잠해진다."

이 말은 '위기의 순간이 왔을 때, 그때만 잘 피한다면 나중에는 괜찮아진다'라고 해석할 수 있을 것이다. 하지만 '파도가 한 번씩만 불어오는 것이 아니라 세차게 마구 오다가 대형 쓰나미처럼 거대하게 밀려오면 과연 바닥에 바짝 엎드린 채로 견딜 수 있을까?' 하는 생각이 들었다.

결국 파도를 피하지 않고 돌파해야 직장생활이나 인생을 주도적으로 살 수 있겠다는 판단이 들었다. 단순히 피하지만 말고 아예 파도 위에 올라가 서핑을 즐길 수 있어야 하는 것이다. 파도가 불어와도 그것을 스스로 조절할 수 있고 그 파도 위에서 재미나게 서핑을 즐길 수 있는 단계가 되어야 하는 것이다. 단순히 피한다면 더 큰 파도가 올 때 어떻게 할 것인가? 파도를 다스릴 줄 아는 지혜가 필요한 것이다.

파도를 다스리는 법은 상사와의 관계를 좋게 형성하는 것에서부터 시작하자. 지금 상황이 힘들다면 상사에게 직접적으로 말해보는 것이다. 어떤 이유 때문에 힘든지, 무엇이 문제라고 생각하는지 자세하게 이야기해보는 것이다.

7

사직서는
1분이면 쓴다

"추운 겨울날 집을 나섰다. 눈이 내리고 있었지만 차가운 눈을 맞으며 하염없이 길을 걸었다. '앞으로 어떻게 살아야 하나?'라는 생각이 머릿속을 복잡하게 만들었다. 큰아들은 작년 군대에 갔고, 작은아들은 이제 대학교에 입학한다. 몇 년 더 다니고 싶다. 아직 아이들을 키우기 위한 시간이 좀 더 필요하다. 그런데 한 달 뒤면 정든 회사를 떠나야 한다. 이 회사에서 결혼도 하고, 아이들도 키우고, 자신감도 생겼고, 회사가 성장하면서 자랑스러웠다. 어디를 가야 하나? 나는 아직 사십대 후반이고 좀 더 일을 할 수 있다. 과연 후배들에게는 어떻게 말해야 할까? 이미 소문이 나서 몇몇 직원이 수군거리는 것 같은 느낌이다. 처음에는 회사에 대한 원망도 있었다. 하지만 이제는 그런 원망보다는 당장 내일에 대한 고민이 더 크다."

이는 삼성전자 신입 사원 때 내 부서 팀장이 송별식 자리에서 한 말의 요지다.

직장인이라면 누구나 회사를 그만두는 것에 대한 공포심이 있을 터이다. 타인과 경쟁해야 하고 이기지 못하면 그만두어야 하는 비정한 현실 속에서 매일이 살얼음판을 걷는 기분이다. 특히 고과 시즌이나 진급 시즌이 되면 경쟁에 대해 신경 쓰지 않는 일부 하이퍼포머를 제외한 많은 직원이 걱정에 땅이 꺼진다.

신입 사원 시절, 팀으로 배치되고 1년쯤 지나자 부서의 팀장이 퇴직한다는 소문이 돌았다. 거짓말 같은 소문은 그러나 당황스럽게도 사실이었다. 며칠 후 팀장은 퇴직 인사를 하고 팀원들에게 메일을 돌렸다. 벌써 8년 전 일이지만 아직도 그 메일 내용이 기억난다.

'삼성전자에 입사해서 젊음을 바쳤고, 결혼도 하고, 아이들도 대학까지 보냈다. 고마운 회사이다. 이제 나는 새로운 길을 떠날 것이다. 후배들은 업무도 열심히 해야겠지만 자기계발에도 부단히 노력해야 한다.'

그 뒤 또 다른 팀장 두 명이 회사를 그만두었다. 회사 전체적으로는 많은 팀장, 임원이 회사를 나갔다. 그들은 지금 어디서 무엇을 하며 지내고 있을까? 갑자기 궁금해진다.

한때 상사들이 회사를 그만두면서 보냈던 메일을 출력해서 벽에 붙여놓고 출퇴근 시 읽었던 적이 있다. 그 이유는 '회사생활을 어떻게 해야 하는가?'에 대한 의문이 들었기 때문이다. 한결같이 자기계발의 중요성을 꼽았다. 그러면서 회사는 너무 고마운 존재이지만 그럼에도 회사를 너무 믿지 말라고 경고했다. 회사 밖으로 나가는 것에 대한 준비를 하지 못했다는 고민과 걱정이 그 메일 속에 담겨 있었던 것이다.

그런데 현실은 어떤가? 평범한 직장인들은 자기계발을 많이 하는 사람을 부러워하고, 스스로 핵심역량을 키워가는 동료들을 부러워하고 있을까?

실제로 많은 회사원은 부담 없이 회사를 다니고 있는 인물을 부러워한다. 군이 회사를 다니지 않아도 생계를 유지할 경제력이 있는 직원들 말이다. 회사 월급을 용돈으로 쓴다는 사람들 말이다.

회사를 다니는 이유가 자식들의 학교 가정환경조사서 따위의 아버지 직업란을 채우기 위한 것이라는 소문이 도는 직원도 있었다. 그들은 돈을 벌기 위해 회사를 다니는 것이 아니기 때문에 회사에 목매달지 않는다. 그렇기에 부담 없이 일할 수 있다. 상사와 회사로부터 자유로울 수 있고, 그런 그들의 얼굴에는 항상 여유가 넘친다. 실적이나 고과에도 큰 영향을 받지 않기에 자기 주도적인 삶을 살 수 있다.

많은 직장인이 이런 삶을 꿈꾼다. 한때 나 역시 그랬다. 열심히 일하고 재테크를 하여 부를 이루고 편하게 회사를 다니고 싶었다. 그러나 실제로 돈은 잘 모이지 않고 경제적으로 결코 여유로워지지도 않았다.

얼마 전 인터넷상에서 '티끌 모아 티끌'이라는 말이 유행했다. 만약 한 달에 100만 원씩 1년을 저금한다면 그 돈은 1,200만 원이 되고, 10년이 되면 1억 2,000만 원이 된다. 이렇게 10년을 모아도 서울에 있는 아파트 전세도 얻기 힘든 현실을 꼬집은 말이었다.

회사를 자유롭게 부담 없이 다닐 수 있는 사람들은 부모의 유산을 받았거나, 재테크를 잘해서 돈을 모은 사람 정도일 것이다. 또는 남편이나 아내가 사업을 해서 돈에 여유가 있는 사람일 것이다. 그들 중 일부는 좀 더 돈을 벌기 위해서 또는 시간적 여유를 누리기 위해 사직서를 쓴다. 그들이 던지는 사직서는 많은 사람의 부러움을 산다.

하지만 경제적으로 여유롭지 않아 열심히 일해야만 하는 평범한 당신이나 동료가 갑자기 사직서를 쓴다면? 그 이유는 과연 무엇일까? 경제적으로 좀 더 여유로워지기 위해서? 아니면 본인이 정말 원하는 것을 찾고 도전해보기 위해서? 혹은 단순히 현재 생활이 싫고, 미래가 걱정되기 때문에?

직장인이 사직서를 쓰는 이유는 저마다 다르다. 그렇지만 한 가지 동일한 이유는 있다. 바로 지금보다 좀 더 나은 미래를 위한 선택이라는 점이다. 현재의 고민을 미래에도 이어가지 않기 위함이고, 끌려다니지 않고 스스로 결정하는 삶을 살기 위함이다. 하지만 회사를 옮기고 다른 일을 시작한다고 끌려다님에서 해방되는 것은 아니다. 준비 없이 시작한 행동에는 반드시 대가가 따른다.

2011년 처음으로 사표를 썼다. 하지만 드라마에서처럼 실제 사표를 써 제출한 것은 아니었다. 상사에게 회사를 그만둔다고 말했고 인사 담당자와 상담을 하고 퇴사한 것뿐이었다. 회사생활을 완전히 그만두는 것이 아니라 이직하는 것이었기에 크게 아쉬운 마음은 없었다. 새로 둥지를 튼 현대자동차에서의 삶이 궁금하고 설레기도 했다. 그것은 마치 고등학교에서 대학교 갈 때의 마음 같았다. 지루하고 반복적으로 느껴졌던 연구소 엔지니어의 삶에서 벗어나 좀 더 주체적이고 창의적으로 일할 수 있으리라는 생각이 들었다.

그리고 이직 후, 전혀 다른 배경의 회사와 전혀 다른 직무로 이동한다는 것이 얼마나 어려운 일인지를 통감했다. 삼성전자와 현대자동차의 분위기를 언론에서 많이 비교하는데, 그것을 몸소 체감할 수 있었다. 더 큰 문제는, 이직 후 업무를 하면 할수록 내가 지루하고 반복적인 일을 더 잘하는 것 같다는 충격적인 사실을 발견한 데 있었다. 이로 인해 준비 없이 감행한 이직은 내 삶을 많이 변화시켰다.

직업에 대한 정의, 평생 어떤 일을 하고 싶은지, 나의 장단점은 무엇이고, 어떤 분야에 관심이 있는지 의문이 생기기 시작했다. 학교, 취업, 직업, 결혼, 자녀교육 등 인생에서 중요한 요소들은 많다. 그중 직업은 인생을 살면서 오랜 기간 중요한 요소로 작용한다. 열심히 돈을 벌어야만 결혼도 하고 가족도 부양할 수 있기 때문이다. 하지만 하기 싫은 일을 하면서 사는 것은 지옥 같은 현실이 되기에 충분하다. 막심 고리키역시 "일이 즐겁다면 인생은 천국이다. 그러나 일이 의무라면 인생은 지옥이다"라고 했다. 그 역시 인생에서 일의 중요함을 알고 있었던 것이다.

그런데 이 고민으로 나 자신의 밑바닥까지 내려가 보니 내게는 아무것도 없었다. 답답한 마음도 들고 인생을 어떻게 살아야 하는지에 대한 고민이 끊이지 않았다. 다른 사람들은 어떤지 알고 싶었기에 주변 동료들에게 원래 하고 싶었던 일이 무엇인지 물어보기 시작했다. 삼성전자나 현대자동차를 그만두고 다른 길을 걷는 사람들도 만나게 되었다. 그들과의 만남에서 도전과 좌절, 기쁨과 환희를 느낄 수 있었다.

그중 인상 깊었던 이는 10년 다니던 삼성전자를 그만두고 영국 르꼬르동블루에서 요리사 교육을 받고 오너 셰프로 일하고 있는 '쉐플로'의 조장현 대표였다. 그와의 대화에서 기억에 남는 것이 있다. 그는 아직 학생인 아들, 딸에게 하고 싶은 것을 최대한 빨리 찾으라는 말을 많이 한다고 했다. '아빠는 돌고 돌아서 하고 싶은 것을 찾았지만 그런 시행착오를 겪지 않았으면 좋겠다'라는 취지였겠다.

우리 역시 마찬가지다. 사직서는 1분이면 쓴다. 만약 당신이 사직서를 제출하고 싶다면 제출하면 된다. 회사는 다른 일을 하도록 해주고, 다른 팀에서 일할 기회를 주겠다고 할 것이다. 이처럼 또 다른 선택의 기회가 주어진다면 어떻게 할 것인가? 무엇이 문제이고, 해결 방안도 찾지 못한 상태에서는 지금 당신이 쓴 사직서는 가까운 미래에 후회로 다가올지도 모른다.

8

과감하게
결단하라

고르디아스의 매듭을 알고 있는가?
이는 과감한 결정의 중요성을 가장 잘 보여주는 사례이다.

옛날 프리지아의 고르디아스는 가난한 농부로 지내다 신의 신탁을
통해 왕이 되었다. 왕이 된 고르디아스는 본인이 타고 온 짐마차를 기
둥에 묶어두고는 튼튼하게 매듭을 지어놓았다. 이것이 바로 고르디아
스의 매듭이다. 이 매듭을 푸는 사람이 아시아의 왕이 될 것이라는 신
탁이 있었다. 왕이 되고자 하는 많은 사람이 매듭을 풀려고 했으나 모
두 실패했다. 이곳을 지나던 알렉산드로스 대왕 역시 매듭을 풀려고 노
력하였으나 매듭이 풀리지 않았다. 화가 난 그는 칼을 들어 매듭을 잘
라버렸다. 결국 수수께끼 같은 고르디아스의 매듭은 허무하게 알렉산

드로스 대왕의 칼에 풀리고 말았다. 알렉산드로스 대왕은 과감하게 결단을 내렸고 아시아의 지배자가 되었다. 이로써 '고르디아스의 매듭'은 알렉산드로스 대왕이 칼로 매듭을 잘라버린 것처럼 대담하게 행동하여 복잡하고 어려운 문제를 해결한다는 의미로 쓰이게 되었다.

결정에는 두 가지가 있다. 과감한 것과 신중한 것이다. 대부분의 사람은 결정의 순간에 주저한다. 주저하는 원인은 본인의 결정을 믿지 못하기 때문이다. 그들은 과감한 결정이 필요할 때와 신중한 결정이 필요할 때를 구분하지 못한다. 어떤 결정이 맞는지 판단할 능력도 없고, 과감하게 시작할 추진력도 없기 때문이다.

시간이 지나고 보면 과감한 결정이 옳았을 때도 있고, 주변에 묻고 선택했던 신중한 결정이 맞았을 때도 있다. 결국 선택은 본인이 할 수밖에 없는 것이다. 그렇다면 최선의 결정은 어떻게 해야 하는 것일까? 알렉산드로스 대왕은 어떻게 과감히 결정할 수 있었을까? 사실, 알렉산드로스 대왕은 해결책에만 집중했다. 끈을 풀지 않고 잘라도 매듭은 풀리는 법이다.

콜럼버스의 달걀 역시 비슷한 일화이다. 달걀을 세울 수 있느냐 없느냐 하는 논란이 있었고, 콜럼버스는 달걀을 깨뜨려서 세운다. 달걀을 세우는 해결책에만 집중했기에 상식을 벗어날 수 있었던 것이다.

호주 출신의 유명한 코칭 컨설턴트 앤서니 그랜트 역시 해결책에 집중하는 것이 중요하다고 이야기한다. 그녀는 "흔히 사람들은 문제를 풀기 위해 그것을 이해하고 정복해야 한다는 고정관념에 사로잡혀 있다"

고 말했다. 하지만 문제를 충분히 이해하는 것은 결코 쉽지 않은 일이다. 그럼에도 불구하고 사람들은 문제에 대해 자세히 알려고만 한다. 문제에만 계속 집착하다 결국 무엇이 문제인지를 까먹고 헤매는 사람들도 많다. 따라서 우리는 먼저 해결책을 찾는 데 집중해야 한다. 문제에만 집착하다 보면 결국 해결책을 찾지 못할 뿐이다.

레이저는 현재 다양한 분야에서 사용되고 있다. 시력교정 수술을 할 때도, 컴퓨터 데이터 저장에도 사용된다. 초기에 레이저는 외과 수술에서 망막 치료용으로 사용되었다. 처음 레이저 광선을 발견한 찰스 타운스에게 50년 뒤 미국 〈이코노미스트〉는 처음부터 망막 치료용으로 개발하였는지 묻는다. 그러자 찰스는 그렇지 않다고 대답했다. 그저 광선을 쪼개보고 싶어서 만들었다고 말한 것이다. 실제 50년 전 처음 레이저를 개발했을 때 그의 동료들은 그를 놀렸다. 쓸데없는 일을 했다는 뜻이었다. 그러나 현재 이 기술은 다양한 곳에서 사용되고 있다. 인터넷 역시 마찬가지다. 초기에는 군사용으로 만들어졌다가 현재는 다양한 곳에서 사용되고 있다. 이런 경우가 해결책이 문제를 풀어낸 경우인 것이다.

독창적인 해결책을 찾던 중 어느 순간 문제가 해결된 경험을 갖고 있을 것이다. 아이러니하게도 문제가 해결된 후에야 그것이 문제라는 사실을 알게 되는 경우 또한 많다. 본인의 인생이나 주변 사람들의 삶을 한번 돌아본다면 이 말이 사실임을 이해하게 될 것이다.

신중하고 또 신중해야 하는 결정도 많다. 그러나 아직 젊은 우리는 어떤 것을 결정하기에 신중하기보다 과감함이 필요할 때도 있다. 과감한 결정을 내리기 위해서는 자기 자신을 믿어야 한다. 자신을 믿고 결정을 내려야 한다. 그리고 그 결정에 묵묵히 따라야 한다. 결정을 내리고 난 후 잘못된 결정이라고 판단되면 또다시 결정을 내리면 되는 것이다. 이것저것 생각하고 머뭇거리는 지금의 순간들이 훗날 아쉬워질 수도 있기 때문이다.

롱펠로는 이렇게 말했다.

"쓸쓸한 듯이 과거를 보지 말라. 그것은 두 번 다시 돌아오지 않으므로 주저하지 말고 현재를 개선하라. 그림자 같은 미래를 향해 나아가라. 두려워하지 말고 씩씩하게 용기를 갖고 나아가라."

상사에게 끌려다니던 당신 역시 이제 결정을 해야 한다. 진급을 하면 덜 끌려다닐 것 같다는 생각은 아예 버려야 한다. 직급이 올라갈수록 더욱 회사와 상사들에게 얽매일 수밖에 없다는 사실을 인지해야 한다.

그렇다면 결국 자유로워지는 방법은 즉시 퇴사를 해서 경제 활동을 창출하는 방법과 회사를 퇴직할 때까지 다니는 것 두 가지뿐이다. 다른 회사로 이직하는 것 역시 주인만 바뀐 노예생활이라고 표현할 수 있다. 그러나 직장인들에게 회사가 아닌 다른 경제 활동을 상상하기란 쉽지 않다.

그렇다면 어떻게 해야 할까? 어차피 노예라고 생각한다면 좀 더 위대한 노예가 되어보는 것은 어떨까? 집안의 재정까지 관리할 수 있는 믿음직한 노예, 그 또는 그녀가 없으면 일이 안 되는 노예, 절대로 그만두게 할 수 없는 노예가 되는 것이다.

하지만 현실은 녹록지 않다. 이미 그 위치는 나의 동기, 후배, 선배들이 차지하고 있고 나는 제일 아래 단계에 있다고 여겨진다. 상사의 눈 밖에 난 것 같아서, 경쟁에서 낙오될까 봐 두렵기도 하다. 그러나 이런 문제는 당신만의 것은 아닐 것이다. 지금 하고 있는 일이나 업무가 당신 마음에 들지 않아서 그런 것일 수도 있다. 그렇다면 상사와 나의 관계에 대해 의문을 갖고 문제에 접근해보면 된다. 우리 역시 알렉산드로스 대왕, 콜럼버스처럼 해결책에 집중해보는 것이다.

이제 다음 질문들에 답을 하고 이를 통해 본인의 매듭을 단칼에 잘라보자.

① 지금의 문제는 상사가 바뀐다면 해결될까? 혹시 상사가 아닌 당신의 문제는 아닌가?

② 상사가 바뀌지 않는다면 어떻게 할 것인가?

③ 상사는 당신을 어떻게 생각하는가?

④ 상사가 싫은 게 아니라 당신이 하고 있는 일이 싫은 것은 아닌가?

⑤ 상사에 대해 주변 동료들과 자주 험담을 하는가? 그냥 욕이나 하면서 스트레스를 풀고만 있는가? 언제까지 그렇게 할 것인가?

당신이 상사의 노예라고 생각하고 행동하는 순간부터 그것은 현실이 될 것이다. 상사가 아무리 당신을 시키고 괴롭혀도 당신만의 주관을 가져야 한다.

머뭇거리기에는 인생이 너무 짧다. 지금 흔들리고 있는 시간조차 아깝다. 물론 잠시 하고 싶은 일을 찾느라 머뭇거릴 수도 있다. 머뭇거리고 흔들리는 것 그 자체가 나쁜 것은 아니다. 그것은 더 나은 방법을 찾기 위한 고민이며, 그 고민을 통해 자기를 성찰하는 시간을 갖는 것일

테니까.

지금 방황하고 흔들리는 것은 더 나은 미래를 찾기 위한 노력 때문일 것이다. 그러나 머뭇거리며 방황하는 것도 잠깐이어야 한다. 오랜 기간 머뭇거리고 방황하는 사람에게 다가올 결말은 후회와 아쉬움뿐이다.

머뭇거림과 방황은 최대한 짧고 굵게 하자. 지금 현재 머뭇거리고 있다면 선택하고 집중하고 도전하자. 시작하면 어느 순간 결국 끝이 나 있을 것이다.

CHAPTER 3

나의 일, 어떻게 끌고 갈 것인가?

일이라는 약속을 지키기 위해서는
급한 일, 덜 급한 일, 나중에 해도 되는 일들을 파악해서 우선순위를 정해야 한다.
우선순위와 긴급도에 따라 분류한 일을 시점에 맞춰 계획성 있게 처리해야 한다.
완료가 되지 않았지만 시점에 맞게 내는 보고서가
시점이 늦게 완료된 보고서보다 낫다.

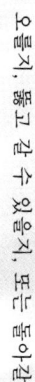

벽에 오를지, 뚫고 갈 수 있을지, 또는 돌아갈 수는 없는지 생각하라.

1

왜
일을 하는가?

"나중에 커서 무엇이 되고 싶니?"

어른들이 아이들에게 즐겨 하는 질문이다. 과거의 기억을 되살려보자. 그때 당신은 이러한 어른들의 질문에 어떻게 대답했는가? 혹시 기억조차 나지 않는가? 혹은 기억은 나지만 전혀 다른 곳에서 일하고 있는 현실을 떠올리니 허탈하기만 한가?

어른이 된 우리는 우리가 받았던 질문을 아이들에게 그대로 한다.

"무엇이 되고 싶니? 장래 희망이 뭐니?"

아이들이 장래 희망을 원대하고 크게 말하면 머리를 쓰다듬으면서 대견하다고 한다. 그냥 조금 현실적이게 말한다면 그것도 괜찮다고 한다. 하지만 대답을 못하는 아이들도 있다. 중학생, 고등학생이 되면 초등학교 때의 장래 희망이 성적과 연결되며 꿈이 없어지는 경우도 있기 때문이다. 그런 아이에게 꿈도 없다면서 핀잔을 주는 어른들도 있다. 하지만 요즘 아이들은 예전 우리보다 좀 더 현실적이다. 실제로 이뤄질 수 없는 꿈을 말하는 데 두려움을 갖고 있다. 꿈을 크게 가져야 이룰 수 있다는데, 어느 정도가 큰 꿈인지 모른다.

그런 아이들에게 어른들은 꿈을 강요한다. 명절 때 한 사촌동생이 내게 "형은 어렸을 때 꿈이 뭐였어?"라고 물었다.

"뭐였지? 장래 희망 란에 뭐라고 썼었지? 의사, 과학자라고 했던 것 같기도 한데……."

사실, 자세히 기억나지 않았다.

학창 시절 학교생활 기록부에는 장래 희망을 쓰는 칸이 꼭 있었다. 그 당시 학급 친구들 중 회사원이 꿈인 사람은 아무도 없었다. 하지만 서른이 넘은 지금 우리 친구들은 대부분 회사원이다.

얼마 전 신문에서 초등학생들의 장래 희망에 대한 기사가 실린 적이 있었다. 그 기사에도 평범한 회사원이 장래 희망이라고 답한 학생은 아무도 없었다. 대신 기업의 CEO는 있었다.

회사원, 그중에서도 대기업 직원이 되는 꿈은 대학교에 입학하면서 생기는 경우가 많다. 어린 시절의 꿈이 수능 성적과 돈 때문에 좀 더 현실적으로 바뀌는 것이다. 그리고 어린 시절의 장래 희망은 실제 본인의 꿈이 아니었던 경우가 많다. 주변 친구들의 꿈을 베꼈던 것이거나 부모의 꿈이었던 것이다.

대부분의 직장인은 본인의 장래 희망에 대해 진지하게 생각해볼 기회가 적다. 현재의 삶이 불안하기는 해도 회사를 다니고 있기 때문에 편해서이다. 대신 퇴직 후 어떤 일을 해야 하는지에 대한 고민을 많이 한다.

주변 동료들, 신입 사원과 기존 사원을 대상으로 '원래 하고 싶은 일이 무엇이었는가?'를 질문해보았다. "크게 생각해보지 않았다"라고 대답하는 사람이 대부분이었다. 의사, 변호사, 과학자, 외교관 등등의 대답도 있었다. 회사원이 되고 싶었다는 사람은 단 한 명도 없었다. 그렇다면 그들은 어쩔 수 없이 회사원을 하고 있는 것이다. 하고 싶었던 일을 찾지 못했고, 찾았더라도 그것을 해볼 엄두를 내지 못했기 때문이다. 물론 경제적 여건과 상황 때문에 어쩔 수 없는 경우도 있으리라. 하지만 가슴에 손을 얹고 생각해보면 그 또한 핑계에 불과하다. 하고 싶은 일도 없었고 어렵게 된 취업이니, 감사한 마음으로 돈을 벌어야 한다는 생각을 갖고 있기에 그냥 일하고 있는 것이다.

작가 알랭 드 보통과 함께 인생학교를 설립한 문화사상가 로먼 크르즈나릭은 본인이 원하지 않는 일을 할 수밖에 없는 것은 매몰비용의 함정과 비슷하다고 말했다. 매몰비용이란 투자나 지출을 했을 때 회수할 수 없는 비용을 말한다. 예를 들어 비싸게 산 신발이 엄청 불편한데도 들인 돈이 아까워 내버리지 못하는 것이다. 같은 맥락으로 취업을 위한 노력들, 전문가가 되기 위해 공부한 시간들, 돈을 벌 수 없던 기간 등 다양한 것이 아까워 쉽게 포기하지 못하는 것이다. 게다가 다른 분야에 종사하게 될 경우에는 매몰비용이 더욱 크게 작용한다. 지금까지 일궈 놓은 업적이 시간 낭비가 된다는 생각은 우리가 직업을 바꾸지 못하도록 하는 가장 커다란 심리적 장벽으로 작용한다.

실제로 어느 정도 경력을 쌓았는데 그 분야에서 하는 일들이 행복하지 않다는 사실을 뒤늦게 깨닫는 것은 얼마나 고통스러운 일이겠는가? 3년, 5년, 10년가량 일을 하면 위기에 처하는 순간이 온다고 한다. 회사를 옮기거나 지금껏 일했던 분야를 벗어나 다른 일을 하고 싶은 순간이 오는 것이다. 회사생활을 10여 년간 해보니 그 말이 맞음을 느낀다.

매몰비용이 작을수록 다른 일을 하기 위한 도전이 가능하다. 그렇지만 매몰비용이 크더라도 도전하는 사람들을 주변에서 많이 보았다. 회사를 그만두고 MBA를 가거나, 사업을 하거나, 공무원이 되는 경우는

평범한 것일 수 있다. 육아휴직을 한 남자, 초등학교 선생님에 도전한 사람, 의사나 수의사 된 사람, 도서관 사서 시험을 준비하는 사람, 심지어 파일럿이 되려고 공부하는 사람 등 다양한 사람을 볼 수 있었다. 그들은 본인의 삶을 살기 위해 진정으로 매몰비용을 포기하고 도전한 사람들이다.

누군가는 일을 하여 돈을 벌어야 한다는 목적으로 취업을 희망하지만 또 다른 누군가는 지금의 일이 맞지 않다며 고민을 한다. 누군가는 천직은 존재하며, 가슴 뛰고 좋아하는 일을 찾아서 일해야 한다고 말한다. 또 다른 누군가는 천직은 결코 없으며 스스로 만들어가야 하는 것일 뿐이라며 현실을 회피하지 말라고 충고한다. 과연 누구의 말이 맞는 것일까?

우리가 일하는 이유는 사람마다, 나이마다, 주어진 환경마다, 모두 다르다. 그렇기 때문에 누군가의 말만 듣고 그 말을 절대적으로 신뢰하고 따를 수도 없다. 지금 당장 무엇인가 가슴 뛰는 일을 찾아서 해야 하는 것만도 아니다. 꿈이 없어도, 지금 하는 일에서 비전이 보이지 않아도 그냥 일할 수밖에 없는 것도 잘못이 아니다. 누군가는 꿈을 꾸고 하고 싶은 일을 하는데, 본인만 뒤처지는 것처럼 보이는 것도 문제가 아니다.

우리가 일을 하는 가장 큰 기본 이유는 돈 때문이다. 돈을 벌어서 나 자신과 가족을 부양해야 하는 것이다. 한 명의 어른으로서, 사회 구성원으로 살아가기 위해서는 최소한의 돈을 벌어야 한다. 그것이 우리가 현재 일하고 있는 이유이다. 잠시 동안 일을 접어둔 채 공부를 하고, 자격증을 취득해도, 그것은 좀 더 나은 일을 찾고 더 많은 돈을 벌기 위한 잠깐의 과정일 뿐이다. 꿈을 모르고 지금 하는 일에 불만이 있어도 당장 돈을 벌어야 한다. 미래의 꿈을 스스로 찾아보고 그것에 투자하기 위해서라도 돈이 필요하다.

혁명가 체 게바라는 "우리 모두 리얼리스트가 되자. 하지만 가슴속에는 불가능한 꿈을 갖자"라고 말했다. 우리 역시 지금 당장은 현실에 충실해야 하지만 벌고 있는 돈을 기초 삼아 꿈을 찾고 도전하면 된다. 지금 현재 열심히 일하고 있는 당신은 자랑스러운 존재이다.

2

회사에서
일은 약속이다

주말에 지인과 약속이 있었다. 기다리고 있는데 전화가 왔다. 지인은 차가 밀린다며 좀 늦는다고 했고, 나는 기다리고 있을 테니 천천히 조심히 오라고 말했다. 하지만 지인은 한 시간이 지나도 오지 않았다. 전화해보니 사고가 났는지 차가 움직이지 않아 한 시간 이상 걸릴 것 같다고 했다. 커피숍에서 기다리고 있겠다 말하고, 나는 책을 보며 시간을 보냈다. 그런데 괜히 약속 시간을 지켜서 손해를 본 것 같은 느낌이 슬그머니 들었다.

대부분 이런 경험이 있을 것이다. 당신은 약속을 잘 지키고 있는가? 인간관계에서는 약속이 매우 중요하다. 그뿐만 아니라 회사에서도 약속은 중요하다. 회사에서의 약속은 곧 일이다. 정해진 시간까지 주어진 일을 마무리해야 하는 것이다.

우리가 일에 끌려다니는 이유는 일이 너무 많기 때문이거나 현재 일을 잘 처리하지 못하고 있기 때문이다. 일에 끌려다니면 삶이 피폐해진다. 인생의 주체가 본인이 아니라 일이 되어버리기 때문이다. 나폴레옹은 약속을 지키는 최선의 방법은 약속을 하지 않는 것이라고 말했다. 그 역시 약속의 중요함을 역설적으로 강조한 것이다.

우리가 회사를 다니는 이유는 일을 하기 위함이고, 그 일을 하기 위해서는 약속이 필연적으로 존재한다. 우리 삶에서 일은 이미 커다란 영향력을 끼치고 있다. 삶을 살아가는 데 필요한 돈을 벌어주기도 하고, 본인이 원하는 목표에 도달할 기회도 제공해주기 때문이다. 간혹 본인이 하는 일을 통해 자아 성장도 하고 행복해하는 사람도 있다.

회사에서 일은 서로 간의 약속이다. 그 약속이 깨지는 순간 일에 끌려가고, 좋지 않은 평가를 받게 된다. 그렇다면 어떻게 약속을 지켜야 하는 것일까?

일을 마친다는 약속을 정할 때는 우선 본인이 할 수 있는 기간 내에서 해야 한다. 특히 상사에게 일에 대한 보고를 할 때는 조심해서 해야 한다. "거의 다 끝나갑니다", "보고하겠습니다" 등의 말을 할 때는 특히 주의해야 한다.

현대자동차에 근무하면서 상사들에게 보고를 할 기회가 많았다. 상사들은 일이 얼마나 진행되었는지 묻곤 했고, 나는 그때마다 "거의 다 되어갑니다"라고 대답했다. 그때 옆에 있는 과장이 내게 이런 충고를 해주었다.

"다 끝나기 전까지는 하나도 끝난 것이 아니야. 결과물을 가지고 가서 '다 되었습니다'라고 말해야 해."

그 말을 듣고 아차 싶었다. 너무 자주 "다 되었습니다", "다 되어갑니다"라고 상사에게 말했던 것이다. 그 일이 끝난 것도 아니었고 단지 그 상황을 모면하기 위해서 했던 말이었다.

자주 그렇게 말하다 보니 끝내지 못하고 있는 일에 대한 부담감이 생기고, 압박감을 너무 많이 받게 되었다. 그렇다고 일이 쉽사리 끝날 상황도 아니었다. 스스로 무덤을 판다는 말이 바로 이런 상황에 해당되었다. 당장 그 상황만 피하려고 했던 꼼수가 스스로 내 발목을 잡았던 것이다.

현재 일이 진행되는 상황에 대해 상사와 자주 의사소통을 해야 한다. 그렇게 하다 보면 혼자 안고 있는 문제점과 부담감을 내려놓을 수 있다. 상사에게 약속을 지키지 못하는 부담감을 어느 정도 내려놓을 수도 있다.

약속은 무슨 일이 있어도 지키려고 해야 한다. 친구들과의 관계에서도 약속은 중요하지만 우리 인생에서 큰 부분을 차지하는 회사에서의 약속은 더욱 중요하다.

3

일의
우선순위 정하기

우리는 매일 회사에서 다양한 일을 처리하고 있다. 회사 일은 우리 삶에서 상당히 중요하다. 하지만 일을 처리하기 위한 우선순위가 없다면 일에 끌려가게 된다. 어느 것을 먼저 해야 하는지 모르고 급급하게 처리하는 경우가 많다. 이렇게 일하다 보면 해야 할 일을 하지 못하는 경우가 생기고 또다시 일에 쫓기게 된다. 이런 과정이 반복되면 불편한 마음을 갖고 일을 할 수밖에 없다.

일이라는 약속을 지키기 위해서는 급한 일, 덜 급한 일, 나중에 해도 되는 일들을 파악해서 우선순위를 정해야 한다. 우선순위와 긴급도에 따라 분류한 일을 시점에 맞춰 계획성 있게 처리해야 한다. 완료가 되지 않았지만 시점에 맞게 내는 보고서가 시점이 늦게 완료된 보고서보다 낫다.

실제로 나는 이직 후 해야 할 보고서를 6개월 이상 밀린 적이 있었다. 보고서를 가지고 갈 때마다 팀장님께 질책을 받아 스스로 두려웠던 것이다. 삼성전자에서 연구원으로 근무했을 때는 보고서를 쓸 일이 없었다. 내가 했던 업무 역시 특별한 문제가 발생하지 않으면 팀장님을 만날 일도 없었다.

그래서 은연중 상사의 질책에 대한 두려움이 생긴 것이다. 혼나기 싫어서 나는 완성한 보고서를 품에 안은 채 보고하지 않았다. 처음 한 달이 지나고 두 달이 지나자 시간이 늦었다고 질책을 당하게 되었다. 관련 보고서만 생각하면 마음이 불편해지고 무거워졌다.

결국 나는 이 보고서 때문에 회사에서 좋은 고과를 받지 못했던 것 같다. 역지사지의 마음으로, 상사의 입장이 되었어도 계속해서 일에 끌려다니고 계획성 부족한 부하 직원에게 좋은 평가를 주고 싶지는 않을 것 같다.

이 일을 계기로 나는 해야 하는 일에 대한 접근 방식을 다시 생각하게 되었다.

첫째, 일을 하기 전에 우선순위를 정했다.

우선순위를 정하고 쉽게, 간단히, 편하게 일을 하려고 노력했다. 우선순위를 차지하는 일은 내가 하고 싶은 일이 아니라 상사에게 보고해야 하거나 상사가 지시한 일이다. 상사 역시 업무 지시를 하면 언제쯤 위에 보고해야 한다는 일정을 생각해두기 때문에 상사의 일정에서 벗어나면 안 된다. 이런 방식으로 일하는 것은 어렵지는 않으나 많은 사람이 우선순위를 헷갈려 하기에 문제가 발생한다. 그래서 나처럼 보고를 늦게 하게 된다면 상사 역시 보고를 못하게 되어 일을 못하는 사람으로 치부되고, 부하 직원의 관리를 잘하지 못하는 사람이 될 수밖에 없는 것이다.

둘째, 우선순위를 정했으면 그 업무를 처리하기 전에 주변을 돌아보았다.

주변을 보면 내가 지금 하려는 일과 유사한 일을 과거에 했거나 현재 하고 있는 동료들이 분명히 있다. 그들에게 모르는 부분은 문의하고, 헷갈리는 것은 상의하며 업무를 처리해나가는 것이다.

셋째, 잘한 사람의 것을 갖다가 베꼈다.

이미 검증을 받은 양식과 내용이기 때문에 더 쉽게 보고서를 쓰거나 파일 등을 만들 수 있다. 보고서 업무가 많은 일반직 사원이라면 선배나 같은 부서에서 일 잘한다는 사람들의 양식을 갖다가 베껴보자. 엔지니어라면 설계 데이터를 베끼는 것에 해당하겠다. 실제로 삼성전자에서 설계 업무를 했을 때 양산된 휴대전화 사양을 기준으로 유사하게 설계를 했던 경험이 있다. 문제가 있었던 내용들을 모두 데이터화하여 관리하지만 유사한 사양과 형상이라면 기존 자료를 이용해 새로운 데이터를 만드는 것이 위험요소를 줄일 수 있기 때문이다.

자동차 분야에서도 마찬가지다. 새로운 자동차가 나오고 새로운 기능이 추가되는 경우를 제외하고는 기존 양산 차종들의 문제점들을 사전 검토하는 작업을 한다. 기존의 잘된 것을 베끼라는 말이 좀 별로일 것 같지만 시장에 존재하는 제품들은 이미 성공한 제품들을 베껴 나온 것들이다. 위험요소를 최소화하기 위해서이다. 우리 역시 업무에서 시간을 줄이고, 스피디한 보고를 위해서 마찬가지의 전략이 필요한 것이다.

회사에서의 일은 시간이 가면 갈수록 더 힘들어진다. 내년에는 좋아질 것이라는 말을 많이 듣겠지만 새해가 되어도 더 나아지는 경우는 별로 없다. 그래서 아예 이런 소리 자체를 안 하는 상사도 많다. 그렇기 때문에 우리는 효율적으로 일을 해야 한다. 내가 미리 준비해놓으면 편한 것이다. 하고자 하는 취지와 목적을 미리 알고 우선순위를 정해 일한다면 두려울 것은 하나도 없다.

4

당신은
피곤함을 모른다

당신은 회사에 출근할 때 어떤 생각을 갖고 있고, 스스로에게 어떤 말을 가장 많이 하는가?

"오늘도 신 나고 즐겁게 일해보자!"

"어제 했던 일을 빨리 마무리하자!"

"대충 시간 때우고 가자."

출근할 때 어떤 생각을 하고 어떻게 말하느냐에 따라 회사생활도 달라진다. 대부분의 직장인이 출근하면서 "아, 피곤하다!"라고 말한다. 일을 하면서도 "아, 피곤하다!"라고 말하고, 퇴근하면서는 정말 피곤한 표정을 지으며 "아, 피곤하다!" 하며 회사를 나선다. 혹시 당신도 지금 그러고 있지는 않은가? 당신은 피곤하다는 말을 하루에 과연 몇 번이나 하고 있나? 그런데 과연 피곤하지 않을 때가 있기는 한가?

당신은 당신이 일하는 이유를 자신감 있고 행복하게 설명할 수 있는가? 당신은 아직 결혼을 안 했고, 지금 소개팅을 나갔다. 상대방이 당신에게 질문을 한다.

"무슨 일 하세요? 왜 그 일을 하시는 거예요?"

당신은 무슨 일을 하는가에 대해서는 쉽게 대답할 수 있다. 하지만 그 일을 왜 하는가에 대해서 말하려는데 말문이 막힌다. 그냥 다른 사람들처럼 돈 벌기 위해서라고 '쿨'하게 말한다. 그렇다면 다시금 생각해보자. 당신은 일하는 이유를 자신감 있고 행복하게 설명할 수 있는가? 당신의 일은 현재 근무하고 있는 회사의 이름이 아니다. 근무하고 있는 부서의 이름도 아니다. 당신이 하고 있는 일은 명사일 수도 있지만 동사일 수도 있다. 예를 들면 회사의 '인사 담당자'라고 말할 수도 있고, '사람들의 고민을 들어주고 커리어에 대한 조언을 해주는 사람'이라고도 할 수 있다.

상대가 당신의 대답을 듣고 "정말 재밌어 보이는 일이네요" 혹은 "일하는 것을 좋아하시나 봐요" 또는 "말씀하실 때 행복한 표정이 얼굴에 나타나요"라고 말했다면? 축하한다. 당신은 그 일을 즐겁게 하고 있는 것이다. 지금처럼 즐겁게 열심히 일하면 된다. 하지만 대부분의 사람은 명함을 주면서 자신의 사회적 신상을 소속 회사, 소속 팀과 버무려 무표정한 얼굴로 소개한다. 회사에서 하는 일에 대해 불평을 늘어놓는다. 그것은 행복하지 않다는 표현이다. 단지 어쩔 수 없이 해야 하기 때문에 하는 것일 뿐이다. 돈을 벌기 위한 수단인 것이다.

다시 출근 상황으로 돌아가자. 당신은 출근하면서부터 너무 피곤해서 빨리 공휴일이 오기만을 기다린다. 드디어 기다리던 공휴일이 왔다. 그동안 세워두었던 계획을 실천할 일만 남았다. 신 나게 놀거나 집에서 쉬는 것, 둘 중 하나일 것이다.

공휴일이 지나고 월요일이 되자 출근하면서부터 다시 피곤해지기 시작한다. 그 이유는 주말에 열심히 놀아서이다. 또는 쉬었지만 쉰 것 같지 않기 때문이다. 그렇지 않은가? 물론 일하느라 정말 피곤할 경우도 있다. 해야 할 일은 많은데 끝나지는 않고 계속되는 야근과 회식에 지쳐가는 것이다.

그렇지만 '피곤하다'라는 말을 하는 것은 분명 습관이다. 회사에서도 매일 피곤하다고 말하는 사람은 정해져 있고, 그들은 상대방에게도 꼭

피곤하냐고 물어본다.

이렇게 피곤하게 살아야 하는 것일까? 대부분의 직장인은 인생의 많은 부분을 피곤하게 산다. 회사를 다니며 일하는 기간에는 당연하게 여긴다. 정말 그런 걸까? 회사 다니며 일을 하면 피곤해도 당연한 걸까? 그렇다면 과연 우리는 언제까지 이렇게 피곤하게 살아야 할까? 더 이상 피곤하고 싶지 않다면 어떻게 해야 할까? 정답은 정말 단순하다. 그것은 나 스스로 피곤하지 않으면 된다는것!

일이 많아서 생기는 부담감도, 상사들의 지시에 피곤해지는 것도 결국 부담감에 반응하는 내 마음 때문인 것이다. 운동을 통해 체력을 키우는 방법도 있지만 그에 앞서 근본적으로 피곤하다는 생각 자체를 머릿속에서 지워버려야 한다. 이를 위한 구체적인 방법으로 아래 네 가지를 들어보았다.

① 피곤하다는 말을 일단 멈춘다.
② 피곤하다는 생각 역시 그만한다. 생각 자체를 아예 안 하는 것이다.
③ 정신을 맑게 하기 위해 틈틈이 바람도 쐬고 간단한 운동도 하고, 일만 하기보다 잠깐씩 휴식 시간을 챙긴다.
④ 마음을 크게 가지고 작은 일에 휘둘리지 않는다.

피곤하다는 생각을 안 하는 것으로 정말 덜 피곤해질까? 생각이 모든 것을 지배한다고 한다. 인도 독립운동의 아버지 마하트마 간디는 말했다.

"우리의 믿음이 생각이 되고, 생각은 말이 되며, 말은 행동이 된다. 이렇게 행동이 습관이 되면 습관은 가치관이 되고, 가치관은 우리의 운명을 결정하게 된다."

속는 셈치고 한번 해보자. 하루, 일주일, 한 달만 지나도 변화된 모습을 체험할 수 있을 것이다.

5

실패를
잊어라

'실패는 성공의 어머니, 실패를 많이 해야 성공할 수 있다.'

살면서 이 말을 수없이 들어보았을 것이다. 성공한 사람들은 실패했기 때문에 결국 성공할 수 있었다고 이야기한다. 실패하는 것을 두려워하지 말라고도 한다.

그렇지만 실패를 많이 해도 성공을 할 수는 없다. 실패를 많이 하면 평생 실패만 하게 될 뿐이다. 만약 실패했다면 본인이 실패한 원인이 무엇이며 그것을 어떻게 개선해야 하는지에 대한 인식이 필요하다. 또는 어떻게 해야 다음에는 실패하지 않을까를 몸으로 익히고 정신으로 무장해야 실패가 반복되지 않는다.

흔히 많은 사람이 '성공한 사람들도 실패했었으니까 괜찮아. 실패해도 다시 일어서면 될 거야'라고 생각한다. 하지만 성공한 이들은 실패를 통해 반성하고 교훈을 얻어서, 자신을 더욱 강하게 단련했다.

자신의 실패를 인정하기란 쉽지 않은 일이다. 그래서 많은 사람이 실패의 원인을 자기 자신에게서 찾기보다 타인을 비난하거나 환경 등으로 돌린다. 만약 그들이 이야기한 실패의 본질을 꿰뚫어보지 못하고 실패해도 성공할 수 있다는 말만 믿고 도전한다면 결국 또다시 실패하게 될 것이다.

회사에서도 실패하는 경우가 많다. 특히 회사 업무가 낯선 신입 사원 시절은 실패의 연속이다. 시간이 지나 직급이 올라갈수록 실패의 횟수가 조금씩 줄어든다. 실패했던 경험을 통해 다음에는 똑같은 실수를 반복하지 않으려 노력하기 때문이다. 어떻게 하면 실패하지 않을지를 몸으로 습득했기 때문이기도 하다.

실패라는 것은 본인이 어떻게 생각하느냐에 따라 그 양상이 달라진다. 본인이 실패했다고 인정하는 것도 힘든데 타인들의 부정적 시선까지 받아들인다면 더더욱 괴로운 현실이 된다. 그러나 타인들에게 실패했다는 말을 들어도 좌절하지 않고 스스로 성장하였다고 여기면 그것이 곧 발판이 된다. 타인의 말에 일희일비할 필요는 없다. 자신의 성장을 통해 다음에 성장할 계기를 만들면 되는 것이다. 물론 이렇게 긍정적으로 생각하기란 결코 쉬운 일이 아니다. 상사들은 화를 내고, 주변 동료들은 실패한 것을 위로해준다. 그런 일들을 통해 좋지 않은 고과를 받게 되고 승진에서 누락되면서, 과연 평범한 사람들이 '나는 성장했다, 실패하지 않았다'라고 생각하기가 쉽겠는가?

그러나 스스로 실패했다고 여기면 우울해질뿐더러 의욕도 없어진다. 그렇기에 실패를 지금보다 더 큰 거인으로 성장하기 위한 과정이라고 여겨야 한다. 과거를 돌이켜보면 그 당시에는 힘든 경험들이었지만 그것들을 토대로 지금보다 성장한 기억이 있을 것이다. 결국 실패는 다른 사람들과 비교하기 때문에 생기는 것이다. 성공한 이들은 다른 사람들과 비교하지 않는다. 발레리나 강수진 씨 역시 많은 실패가 있었지만 그녀는 "나는 어제의 나와 경쟁했다"라고 말하지 않았던가. 그녀의 유일한 경쟁자는 어제의 그녀였고 눈을 뜨면 어제보다 더욱 열정적인 하루를 살려고 노력했다. 어제를 넘어선 삶이 바로 그녀의 모토였다.

우리는 타인들 혹은 주변의 여러 상황과 경쟁하는 것이 아니다. 결국 나 자신과 경쟁할 뿐이다. 나와 경쟁하려면 나에 대해 정말 잘 알아야 한다. 나의 장점, 단점, 게으름, 관심사 같은 것 말이다. 하지만 대부분의 사람은 스스로에 대해 잘 모르면서 안다고 말한다.

나 자신에 대해 확실히 알려면 스스로 자기 자신의 바닥까지 내려가는 경험을 해봐야 한다. 자신이 누구인지, 무엇을 원하는지……. 하지만 그런 경험은 너무 극단적인 방법이라 권하고 싶지 않다.

삶의 변화, 사랑하는 사람의 죽음, 우울증을 극복한 사람은 자신과의 경쟁의 중요성을 몸으로 인지할 수 있게 된다. 자기 자신과의 경쟁은 타인과의 경쟁보다 더 어렵다. 눈에 보이지 않기 때문이다. 그리고 쉽게 협상을 하려 들기 때문이다. '오늘은 그만 경쟁하자, 쉬자, 좀 더 놀다가 내일부터 하자' 하면서 말이다.

나와 경쟁하기 위해서는 타인들과의 경쟁을 멈추어야 한다. 타인들과의 경쟁은 결국 나 자신과의 경쟁을 방해할 뿐이다. 타인들과 경쟁하는 이유는 남들의 시선을 의식하기 때문이다. 주관이 없어서 남들의 말에 흔들리기 때문이다. 타인들이 나의 실패에 대해 수군거린다고? 그렇지만 그들은 생각보다 우리에게 관심이 없다. 불필요하게 신경 쓰는 이것을 조명효과라고 한다. 코넬대학교의 토머스 길로비치 교수의 연구 결과가 이 사례를 잘 설명해주고 있다.

실험에서 그는 한 학생에게 베리 매닐로우라는 가수의 얼굴이 인쇄된 티셔츠를 입게 한다. 그 후 다른 실험 참가자들이 있는 방에 잠깐 머물게 한 후 나오게 한다. 방 안에 있는 학생들에게 방금 들어간 학생이 어떤 옷을 입었는지 물어보자 약 23퍼센트만이 대답을 했다. 실제 옷을 입었던 학생은 46퍼센트가 알아챌 것이라고 예상했었다. 그 후 코미디언 제리 사인펠트, 인권 운동가 마틴 루서 킹의 얼굴이 그려진 티셔츠로 실험을 했지만 그 옷을 기억한 학생들은 약 8퍼센트 정도로 훨씬 낮았다. 이는 타인들이 우리를 어떻게 보고 있는지를 잘 보여주는 사례이다. 실제로 우리 역시 타인에 대해서 어느 정도 관심을 갖고 있는지 역으로 생각해보면 이해하기 쉬울 것이다.

대부분 조명효과를 경험해보았을 것이다. 예쁘게 보이기 위해 화장하고 머리를 다듬었는데, 남자 친구는 못 알아본다. 하얀색 와이셔츠에

김칫국을 흘려서 남들이 볼까 봐 걱정한 적도 있을 것이다. 갑자기 얼굴에 난 뾰루지 때문에 마음이 불편할 수도 있다. 하지만 정작 남들은 그다지 신경 안 쓴다.

실제로 나는 몇 년 전 구두를 짝짝이로 신고 출근한 적이 있었다. 전날 과음하고 늦게 일어나면서 발생한 일이다. 신을 때는 검은색 구두라서 잘 몰랐다. 하지만 출입문을 나서는 순간 뭔가 잘못되었다는 생각이 들었다. 그때부터 마음이 불편해지기 시작했다. 버스를 타고 지하철을 탔는데 다른 사람들이 내 구두만 볼 것 같았다. 하지만 그날 누구도

내가 구두를 잘못 신었다고 말하지 않았다. 설사 보았다 해도 기억조차 못했을 것이다. 그들 역시 타인의 구두만 내려다볼 정도로 한가하지 않았기 때문이겠다. 우리 역시 오늘 동료들이 입고 온 옷을 다음 날 기억할 정도로 타인에게 신경을 쓰지 않는다.

타인에 대해 관심이 없기 때문에 실패에 대해서도 타인들의 시선까지 의식하며 힘들어할 필요가 없는 것이다. 타인들과 경쟁하는 것이 아니라 어제의 나 자신, 예전의 나와 경쟁한다고 생각하면 된다. 이러한 마음을 갖고 다시 도전한다면 실패를 잊고 성공을 향해 한 발 앞으로 내딛을 수 있을 것이다.

6

작년의 수첩을
버리지 말라

성공한 사람들은 항상 메모하는 습관을 가졌다. 버진 그룹의 리처드 브랜슨 회장은 "메모는 아이디어를 떠올리게 하는 열쇠이다"라는 말로 메모의 중요성을 설명했다. 그는 항상 수첩을 들고 다녔고 흥미롭고 특이한 것들을 눈으로 보거나 귀로 들으면 꼭 메모를 했다. 아무리 늦게까지 술을 마시고 놀고 있더라도 아이디어가 생각나면 바로 메모하는 습관을 들였다. 이런 메모 중 많은 아이디어가 그의 사업과 연결되었다.

소프트뱅크의 손정희 회장은 미국 유학 시절 발명을 하기 위해 매일 아이디어를 적고 다르게 생각하는 습관을 들였다. 결국 그 습관 덕분에 그는 특허를 만들었고, 샤프에 특허를 판매하여 14억 원 이상을 손에

쥐고 좀 더 편하게 공부할 수 있었다. 또한 그 자금으로 일본 중고 게임기를 수입해 인근 카페에 설치한 뒤 위탁 운영을 했고, 또 다시 큰 수익을 얻을 수 있었다.

세계 최초로 시각장애인용 자동차를 개발한 데니스 홍 버지니아공대 교수 역시 메모하는 습관을 강조했다. 그는 대학원 시절 공원을 산책하다 딸아이의 뒷머리를 땋아주는 어머니를 보았다. 뒷머리를 세 가닥으로 정리한 후 한 가닥을 다른 두 가닥 사이로 넣는 모습이 신기해서 메모를 하였다. 그리고 5년 후 미 해군연구소에서 기동성 로봇에 대한 연구를 제안받았다. 그는 연구를 하다 예전에 기록한 메모가 생각났다. 그 메모 덕분에 방향을 쉽게 바꿀 수 있는 스트라이더라는 3발형 로봇을 탄생시켰다.

심지어 이순신 장군은 전장 중에 기록을 남겼다. 바로 난중일기이다. 그는 예전에 썼던 일기를 들춰봄으로써 전술을 짰고 생각을 가다듬었으며 시행착오를 줄일 수 있었다. 기록이야말로 자기 자신을 계속 성장시킬 방법임을 알고 있었던 것이다.

직장인인 우리는 매년 수첩을 작성한다. 1년 사용하는 수첩에는 회사 일, 개인 일 및 다양한 내용들이 적혀 있다. 매일 스스로 해야 할 일과 팀장 등 상사들의 지시 사항, 회의 때 몰래 적었던 낙서, 갑자기 생각나는 아이디어들이 마구 적혀 있다. 직장인 중에서는 수첩을 쓰는 사람도 있고, 프랭클린 플래너 같은 체계적인 다이어리를 사용하는 사람도 있다. 대부분의 직장인은 회사 수첩을 사용한다. 해가 바뀌면 작년 수첩은 휴지통으로 향한다. 군이 갖고 있을 필요도 없고, 지저분하기 때문이다.

그렇지만 나의 생각은 좀 다르다. 작년에 쓴 수첩은 버리지 말아야 한다. 그 이유는 이 수첩이 바로 1년간 당신의 기록이기 때문이다. 일부 직장인은 매년 회사 업무가 반복되기 때문에 군이 수첩을 갖고 있을 필요가 없다고도 말한다. 그렇지만 예전에 기록한 수첩을 다시 자세히 살펴보면 매년 내용이 조금씩 바뀌는 것을 발견할 수 있다. 진급하여 직급이 올라갈 수도 있고, 부서 이동에 따라 하는 일이 변할 수도 있다. 후배가 생겨서 일을 가르쳐야 할 수도 있다. 또는 이직하거나 회사를 그만둘 수도 있다. 당신이 올해 수첩에 적은 내용은 분명히 작년과 상이할 것이다.

앞서 밝혔지만 나는 삼성전자에서 일하다가 현대자동차로 이직했다. 이직한 그해 수첩을 보면 전혀 다름을 실감할 수 있다. 우선 수첩부터 바뀌었다. 게다가 기존에 사용하던 용어들이 아닌 전혀 다른 말들이 기록되어 있다.

일이라는 것은 최소 1~2년만 지나도 익숙해진다. 그렇지만 변화가 시작된 그 당시에는 어렵고 모르는 것이 너무 많기에 수첩에 적으면서 배우고 노력하는 것이다. 그래서 시간이 지나 예전에 본인이 적었던 수첩을 보면 과거보다 조금 더 성장했다는 것을 느낄 수 있는 것이다. 성장이란 스스로 모르는 사이에 조금씩 일어나기 때문이다. 기존에는 몰랐던 것들을 알게 되는 것만이 성장은 아니다. 업무 지식 축적과 더불어 삶을 바라보는 지혜가 생기는 것이 진정한 성장이다.

그렇다면 메모는 어떻게 해야 하는 것일까? 내가 겪은 바로는, 메모의 방법은 사람마다 그들의 성향과 하고 있는 일에 따라 차이가 있었다. 결국 본인 스스로 편한 방법을 찾고 개선해나가면 되는 것이다.

시테크의 달인 윤은기 소장은 메모를 할 때 낙서하듯 자유롭게 메모하고, 그 메모를 토대로 우선순위를 정하고, 수시로 체크한다. 이노디자인 김영세 대표는 아이디어가 떠오르는 즉시 메모한다. 디자이너이라서 그런지 메모를 할 때 스케치를 활용한다고 한다. 데니스 홍 교수는 연필과 조그만 아이디어 노트를 꼭 들고 다니다 어떤 생각이 떠오르면 그 자리에서 메모하고 스케치를 한다. 특히 그는 새벽 때, 그리고 샤워를 할 때 기발한 생각이 많이 나므로 꼭 종이와 펜 등을 준비해놓는다고 한다.

그 외, 많은 CEO와 유명 인사의 메모 습관을 살펴보면 정말 다양하다는 사실을 알 수 있다. 카메라로 찍어서 기록하거나, 녹음을 하거나, 신문기사를 스크랩한다. 이렇듯 그들은 본인만의 방법으로 메모를 하고 있었던 것이다.

그들 중 일부는 쓰임새에 따라 다양한 수첩을 갖고 다니기도 했다. 나는 수첩을 최소 세 가지 이상 가지고 다닌다. 하나는 회사 업무 수첩, 두 번째는 아이디어를 적기 위해 주머니에 항상 넣고 다니는 작은 수첩, 마지막으로는 스마트폰 메모장이다. 스마트폰 메모장에 내용을 적으면 PC와 연동하여 기록할 수 있다.

매월 마지막 날에는 그달에 기록한 수첩의 내용을 다시 한 번 살펴보고 정리한다. 그리고 매년 12월 31일은 작년 수첩의 내용과 비교해본다. 올 한 해 어떤 일들이 있었는지, 내가 얼마나 더 성장했는지 확인해보는 것이다. 1년간 기록한 업무 수첩은 내가 나에게 주는 수고의 트로피인 셈이다.

직장인들은 기업의 업종, 직무와 직급에 따라 메모하는 내용과 방식이 다를 수 있다. 지금 당신에게 메모 습관이 없다고 해도 걱정할 필요는 없다. 당신이 1년간 사용한 회사 수첩이 결과물로 남기 때문이다. 우리 역시 인지하지 못하지만 이 책을 읽고 있는 지금이 우리 생애에서 가장 젊은 날이다. 그 오늘들이 모여 만들어진 것이 바로 1년간 회사에서 쓴 수첩이다. 혹시 지금까지 수첩을 버렸더라도 아쉬워하지는 말라. 올해부터, 지금부터라도 소중히 모아서 잘 간직하면 된다.

회사원인 우리는 따로 수첩에 글을 쓰거나 메모하는 일에 서툴다. 하루 역시 일과 함께 시작해서 일로 끝난다. 그 수첩에서 가장 많이 나왔던 단어들과 내용들이 바로 당신을 힘들게도, 즐겁게도 했던 것들이다. 당신의 수첩들이 모여 당신의 역사를 만든다. 그리고 나중에 혹시 '회사에서 당신은 무슨 일을 했습니까?'라는 질문을 받을 때 잘 정리된 수첩을 기준으로 당신의 이력을 정리할 수 있다.

수첩을 단순한 종이 뭉치로 여기지 말라. 그것은 당신의 분신이요, 역사이며, 삶의 증거이다. 당신 손으로 직접 쓴 당신의 첫 번째 역사인 것이다.

7

또 다른 방법,
피하기

당신 앞에 거대한 장애물이 있다. 이 장애물을 넘어야만 목적지에 도달할 수 있다. 당신 뒤에는 당신보다 먼저 장애물을 넘기 위해 경쟁자들이 달려오고 있다. 앞에는 장애물에 도착했지만 그것을 넘지 못하고 앉아서 울고 있는 사람들도 보인다. 당신도 이 장애물에 도착했다. 이제 어쩔 수 없이 넘어야 할 차례가 온 것이다. 당신은 쉽게 넘을 수 있겠는가? 대부분 쉽게 넘을 수 있을 것이고 반드시 넘어야 한다고 말한다.

이 장애물들은 무엇인가? 우리는 이것들을 진급, 연봉, 더 좋은 차, 더 넓은 집, 사업의 성공, 도전정신 등 다양한 명칭으로 부른다. 많은 이가 넘고 싶어 하고 넘으려 한다. 어떤 장애물은 반드시 넘어야만 한다.

그런데 이런 장애물들은 피하면 안 되는 것일까?

우리는 피하는 것은 비겁하다고 교육받아왔다. 힘들더라도 당당히 맞서 싸워 이겨내야 한다고 배웠다. 성공한 위인들은 절대 피하지 않았고 당당히 맞서 싸웠다는 이야기를 어린 시절부터 귀에 못이 박히도록 들어왔다. 맞서 싸우지 않는 것은 옳지 못한 행동으로 여겨졌다.

그렇다면 당당히 맞서 싸우는 것만이 가장 옳은 행동일까? 오래된 영화 〈백 투 더 퓨처〉의 주인공 마티 맥플라이는 겁쟁이라는 말만 들으면 흥분해서 싸움을 벌인다. 그 대가는 매번 싸움으로 이어졌고, 불필요한 손해를 입게 된다. 참거나 피했다면 문제가 생기지 않았을 것이다. 동창생인 비프 태넌은 항상 그를 괴롭힌다. 그의 도발에 마티는 몇 번은 참는다. 하지만 비프가 겁쟁이라는 말을 하는 순간 결국 참을성을 잃고 만다. 결국 영화의 마지막 장면에서 마티는 겁쟁이라고 자극하는 비프에게 웃으면서 대응하지 않아 싸우지 않고 피하는 방법을 취한다.

'과하지욕(跨下之辱)'이라는 유명한 고사성어는 한신의 사례에서 나온 것으로, 피하는 것의 현명함을 잘 알려주는 말이다. 한신은 빈천하게 자라 주변 사람들의 놀림을 많이 받았다. 어느 날 푸줏간 패거리들이 한신에게 덩치만 크고 칼만 차고 다니는 겁쟁이라며 놀려댔다. 그들은 칼로 자신을 죽일 용기가 없다면 가랑이 사이로 기어가라고 구경꾼들 앞에서 크게 말했다. 한신은 잠시 생각하더니 묵묵히 가랑이 아래로 기어 나왔다. 비록 그는 주변 사람들에게 놀림을 받았지만 피하는 자세를 취했던 것이다. 이런 사례는 흔히 역사에서 많이 볼 수 있다.

사르트르에게 '그 시대의 가장 완전한 인간'이라고 불렸고, 많은 이에게 전사 그리스도라고 칭해졌던 인물이 있다. 바로 아르헨티나 출신의 공산주의 혁명가이자 저술가인 체 게바라이다. 그는 의사를 포기하고 쿠바 독립투쟁에 가담하였다. 수적 열세인 쿠바 혁명군이 정부군과 미국을 상대할 방법은 게릴라 전술뿐이었다. 많은 시민의 가세로 적을 제압하고 쿠바의 수도 아바나에 입성한 그들은 결국 승리할 수 있었다. 이때의 게릴라 전술 역시 수적 · 물적으로 우월한 상대에게 전면을 피해 공격하는 변칙적 전투다.

우리 사회는 어려운 목표를 달성할수록 본인이 좀 더 성장할 수 있다고 말한다. 사회, 회사, 학교에서도 좀 더 어려운 목표에 도전하고 성공할수록 훌륭한 사람이 된다고 한다. 도전하고 노력하다 보면 언젠가 좋은 환경이 온다고 말한다. 옳은 말이다. 현실을 회피한다면 평생을 피하다가 인생이 끝날 수 있다. 결국 피하지 않고 싸워 이겨낸 사람만이 모든 승리를 가져가게 된다는 것이다.

하지만 피하는 것과 포기하는 것은 전혀 다른 개념이다. 피하는 것은 단순히 그 일들이 현재의 나 또는 상황과 맞지 않기 때문이라고 할 수 있다. 타인들이 "좋은 기회이고 나중에 더 좋아질 것이니 피하지 말라"고 하지만 누군가는 피할 수도 있는 것이다. 대신 그 일을 피했을 때 본인의 인생에 어떤 영향을 끼칠 것인지, 다른 것에 도전했을 때 결과는 어떻게 될 것인지에 대한 판단은 스스로 해야 한다. 그것은 주변에 묻더라도 정확한 답변을 얻을 수 없기 때문이다.

피할 기회가 있었는데 피하지 않아서 후회하는 사람도 있다. 반대로 피하지 말았어야 하는데 피했던 경험으로 괴로워하는 사람도 있다. 그렇기에 상황에 맞게 본인 스스로 판단할 수 있어야 한다.

업무에서도 마찬가지다. 본인의 능력이 약간 미흡하다고 생각되면 욕심을 버리고 그 일을 다른 사람에게 양보하는 것도 좋다. 양보하고 스트레스를 받지 않고 좀 더 준비하고 다음 기회에 성취하면 되는 것이다. 실제로 우리는 괜한 욕심으로 일을 그르치는 경우를 종종 보아왔지 않은가.

2012년 노벨 생리의학상 발표에 세계가 놀랐다. 그 이유는 수상자 교토대학교 야마나카 신야 교수의 인생 역전 이야기 때문이었다. 그는 의사로서 실력이 없었다. 남들이 20분이면 할 수술을 두 시간 동안 하였다. 동료 의사들은 그를 걸림돌이라 불렀다. 그는 의사가 된 지 2년만에 한계를 느꼈다. 의사에서 과학자가 되기 위해 노력했지만 그조차 어려웠다. 간신히 미국으로 유학을 갔지만 일본에 되돌아오니 그가 갈 만한 곳이 없어서 불안정한 시기를 보내기도 하였다.

하지만 그는 체세포 줄기 관련 연구에 성공하고 노벨상 수상이라는 쾌거를 이루었다. 그 역시 본인이 잘하지 못하는 분야는 피했기에 다른 방향에서 성공할 수 있었다. 만약 그가 실력에서 남들과 경쟁이 되지 않는 의사를 고집했더라면 노벨상 수상이라는 명예를 얻지 못했을 수도 있다.

사람마다 본인이 잘할 수 있는 영역이 있다. 똑같은 업종에서 똑같은 일을 하더라도 차이가 나는 이유가 바로 그것이다. 문서를 잘 만들어야 성공하는 부서가 있다. 그 부서에서는 보고서를 잘 써야 인정받을 수 있다. 그렇지만 문서 만드는 것이 죽기보다 싫은 직원이 있다면 결국 그는 그곳에서 능력이 부족한 사람으로 평가된다. 어쩌면 그는 실제로 창의적인 부분이 뛰어나 마케팅, 교육, 인사 등에 어울리는 인물일 수도 있다.

그런데 우리 사회는 피하지 말고 도전하고, 싸우고, 승리하라고 가르친다. 그 말을 듣고 피하지 않고 도전했지만 뒤처지는 사람은 낙오자로 낙인찍혀버린다. 그들과의 경쟁에서 승리한 자들은 '죽을힘을 다해 피나는 노력'을 했기 때문에 승리할 수 있었다고 말한다. 패배자들은 다시 한 번 낙오자가 된다. 그들이 승리자만큼의 노력을 했을 수도 있지만 그것은 이미 중요하지 않은 것이다.

아인슈타인 역시 "모두가 천재다. 하지만 만약 당신이 물고기를 나무 타는 능력으로 평가한다면, 그 물고기는 평생 스스로 멍청하다고 믿을 것이다"라고 말했다. 그 역시 사람마다 능력과 관심 분야가 다를 수 있다는 사실을 말한 것이다.

만약 본인이 조직에서 위태롭다고 생각된다면 타인과의 경쟁은 피하고 본인의 장점과 좋아하는 일을 찾거나 실행하기 위한 준비를 해야 한다. 물론 당장 모든 것을 포기하라는 것은 아니다. 잠깐 동안만 내려놓고 준비하는 것이다.

옥스퍼드대학교에서 "결코 포기하지 말라"라는 졸업사로 유명한 처칠 역시 피하거나 포기한 적이 있었다. 그는 학창 시절 낙제를 하고, 사관학교도 삼수 끝에 들어갔다. 처칠의 말은 무조건 포기하지 말라는 것이 아니다. 자기 능력의 외적인 부분은 다른 사람에게 맡기고 본인이 잘할 수 있는 분야에 집중하거나 그것을 찾는 노력을 하라는 것이다. 처칠은 말했다.

"성공이란 열정을 잃지 않고 실패를 거듭할 수 있는 능력이다."

그의 말처럼 스스로 옳은 것이라고 여긴다면 절대로 포기하지 말아야 한다.

아리스토텔레스 역시 "지혜로운 자의 목표는 행복을 성취하는 것이 아니라, 불행을 피하는 것이다"라는 말로 피하는 것이 단순한 잘못이 아님을 강조했다.

우리가 일하고 있는 회사 역시 잘하는 분야는 내재화하고 있다. 그

외 나머지 부분은 아웃소싱을 하고 있다. 회사가 모든 것을 다 하고 있지 않다고 아무도 비난할 수 없다.

우리 역시 마찬가지다. 모든 것을 다 잘할 수 있다면야 좋겠지만, 그럴 수 없다면 본인이 관심 있거나 잘하는 분야를 반드시 찾아야 한다. 물론 지금 당장 찾기 어려울 수도 있다. 그렇지만 그런 것을 찾지 못하고 지금의 괴로운 현실을 피하지 못한다면 결국 당신이 있는 그 자리에서 매몰될 수밖에 없다. 평생 능력 없다는 소리를 들으면서 패배감과 좌절감을 안게 될 뿐이다. 그런 길은 결단코 피해야 하지 않겠는가.

8

지금의 일로
다른 분야 가기

마케팅의 거장 세스고딘은 "프로그래머들이 프로그램을 배우는 방법은 꾹꾹 찔러보기"라고 했다. 모든 훌륭한 프로그래머들은 코드를 만들어 컴퓨터가 어떻게 반응하는지 지켜보고, 코드를 수정하고 또다시 지켜본다. 올바르게 작동할 때까지 그 과정을 몇 번이고 계속 되풀이한다. 한 가지 방식으로 풀 수 있는 퍼즐 같은 것은 쿡쿡 눌러보는 것이 그 방법이다. 이것저것 해보면서 계속 바꿔 하다 보면 결국 해결되기 때문이다. 당신이 여기저기 눌러보는 동안 문제의 답이 보일 것이다.

아기들 역시 무엇인가를 배우고 익히기 위해 이것저것 찔러본다. 손가락으로 찔러보면서 어떤 감촉인지, 무엇인지 확인하고, 작동법을 배운다. 아기에게도 찔러보는 것이 배우는 방식이다. 쿡쿡 찔러보면서 해도 되는지 해서는 안 되는지를 배운다.

이 책을 읽고 있는 당신은 지금 여러 이유로 불만이 가득 차 있을 것이다. 과연 그 이유는 무엇일까? 다양한 이유가 존재할 것이다. 그렇지만 그중 한 가지는 지금 하고 있는 일이 전혀 자신과 맞지 않는데도 어쩔 수 없이 해야만 한다는 사실일 것이다. 또는 당신이 지금 하고 있는 일에서 전혀 만족감을 누리지 못하기 때문일 수도 있다. 추가로 부서 상사와의 관계에서 스트레스를 받는 것도 이유가 될 수 있다. 당신이 일에서 받는 스트레스는 당신의 성향과 회사 분위기 또는 부서에서 해야 하는 직무와의 성향이 서로 상이하기 때문인 것이다.

그런데 꼭 지금 하고 있는 일만 잘해야 할 필요는 없다. 우리 주변에는 전혀 다른 분야에서 성공한 사람들이 의외로 많다.

한준희 KBS 축구 해설위원은 괴짜 해설가로 유명하다. 그는 실제로 철학 교수를 꿈꾸었다. 서울대학교에서 해양학 학사, 철학 석사학위를 딴 뒤 미국 매사추세츠주립대학 철학과 박사 과정에 들어갔다. 축구를 좋아했던 그는 해외 축구를 보고 인터넷 축구 커뮤니티에 글을 올리기 시작했다. 그의 글을 읽은 팬들은 그의 방대한 지식에 놀랐고, 그의 글은 엄청난 인기를 끌기 시작했다. 결국 그는 박사 과정을 포기하고 해설위원이 되었다.

32세의 염지홍 씨는 2013년 영국 왕립예술학교 석사 과정에 입학하였다. 그런데 그는 미술 관련 전공자가 아니었다. 한국외국어대학교 이란어학과를 나오고, 졸업 후 부모님의 피자 가게를 도왔다. 그러던 그가 우연히 철제 옷걸이를 이용해 즉석 독서대를 만들었다. 그 과정을 유튜브에 올렸고 조회수 4만 건이 넘는 큰 호응을 얻는다. 그 길로 그는 1인 기업가로 나서게 되었다. 그러던 중 왕립예술학교의 '규칙을 깨라'라는 구절을 보고 용기를 내어 지원하고 합격했다.

삼성전자 무선사업부에서 휴대전화를 설계하는 연구원으로 근무하던 나는 늘 새로운 일을 꿈꾸었다. 새로운 일을 해보기 위해 무엇인가 나만의 무기가 필요하다고 생각했다. 나만의 무기는 결국 공부로 획득될 거라 생각했기에 나는 회사를 다니며 대학원을 들어갔다. 졸업한 그해 나는 현대자동차 구매팀으로 이직했다. 휴대전화 설계 엔지니어가 자동차 구매팀으로 이직한 것 자체는 연결성이 없어 보일 수도 있다. 그러나 나는 그 안에서 연결성을 만들어냈고 전혀 다른 분야로의 이직을 현실화했다.

내가 이직한 후 몇몇 동기와 후배가 다른 곳으로 이직하였다. 그들 역시 전혀 다른 곳으로 옮긴 경우가 많았다. 굳이 이직이 아니더라도 사내에서 순환 근무 등을 통해 다른 부서로 옮기는 경우도 많이 있다. 인사 업무를 하다가 영업을 하는 경우도 있고, 연구원을 하다가 기획·구매·마케팅을 하는 경우도 있다.

앞서 말한 한준희 해설위원과 왕립예술학교 석사 과정에 들어간 염지홍 씨 역시 본인들이 계속 해왔던 일이 아니라 전혀 다른 일에 도전하고 성공한 것이다. 나 역시 그들과 비교할 수는 없지만 전혀 다른 분야에서 도전장을 내밀었다.

지금 일에서 다른 분야로 이동하는 것이 항상 어려운 것만은 아니다. 만약 당신이 다른 분야로 가더라도 기존에 했던 일들이 시간 낭비는 아니다. 그 시간들을 통해 당신은 스스로에게 어울리는 일이 무엇인지 찾을 수 있었던 것이다. 사람에 따라 그 과정을 젊어서 발견할 수도 있고, 나이 들어 퇴직 후 발견할 수도 있다. 평생 찾지 못하는 사람도 있다.

만일 30대에 본인이 평생 즐겁게 할 수 있는 분야를 발견한다면 정말 행복하지 않을까? 남은 인생 동안 충만하고 행복한 사회생활을 할 수 있게 되는 것이다.

그렇다면 지금 일하는 분야에서 어떻게 해야 본인이 원하는 다른 쪽으로 갈 수 있을까? 대부분의 사람은 갈 수 있는 분야가 어느 정도 정해져 있다고 생각한다. 전혀 다른 분야로 가려면 최소한의 경력이나 남들과 다른 능력이 필요하다고 생각하는 것이다. 그래서 대부분 동종업계 또는 유사 직무로 옮긴다. 가고 싶은 분야의 일을 해본 경험이 없기 때문에 새로 시작하기가 망설여지는 것이 사실이다. 그럼에도 불구하고 새롭게 시작할 방법이 있다.

회사를 다니면서 본인이 원하는 분야의 일을 조금씩 시작해보는 것이다. 아직 어떤 분야에서 일을 하고 싶은지 잘 모르는 경우에는 좋은 방법이다. 단, 주중과 주말에 자기 시간을 할애해야 한다. 때로는 휴가를 반납해야 할 수도 있다. 관심 있는 분야의 일을 조금씩 해보는 것은 지금 당장 회사를 그만둘 수 없는 생계형 직장인들에게 최적의 방법이다. 향후 하고 싶은 일을 찾더라도 최대한 참아야 한다. 어느 정도까지 준비를 확실히 한 후 시작할 수밖에 없다. 물론 본인이 확신한다면 모든 것을 단칼에 그만두고 새로운 분야에서 시작할 수도 있겠지만 금방 확신하기란 어렵다.

이런 식으로 자기만의 분야를 찾은 지인들이 꽤 많다. 현대자동차 근무 시 파일럿이 되고 싶어 하는 후배가 있었다. 그는 회사를 다니면서 최대한 준비를 하고 알아본 후 회사를 그만두고 미국으로 유학을 떠났다. 사실, 그는 주말을 이용해 항공학교에서 비행기 조종 실습을 하고 있었다.

삼성전자에서 엔지니어로 근무했지만 재테크, 주식, 부동산 등에 관심이 더 많은 동기가 있었다. 그는 회계사라는 직업에 매료되어 회사를 다니면서 틈틈이 공부하였다. 야근을 해도 퇴근 후 새벽까지 집에서 반드시 공부를 하였다. 출장을 가도 동영상 강좌를 보고 공부를 계속했다. 그는 회사를 다니면서 회계사 1차 시험에 합격했고 2차 시험 준비를 본격적으로 하기 위해 얼마 전 회사를 그만뒀다고 한다.

아내가 초등학교 선생님이어서 본인도 선생님이 되고 싶었던 기계공학과 출신 선배도 있었다. 그는 지금도 흔치 않은 남자 육아휴직을 5년 전에 신청했고, 상사들의 비난 속에서 휴직하였다. 그리고 치열하게 공부하여 교대에 편입하였고, 지금은 초등학교 선생님이 되어 있다. 그는 현재 연봉은 줄어들었지만 만족스러운 삶을 살고 있다.

이들은 모두 하고 싶은 일을 하기 위해 회사를 쉽게 그만둔 사람들이 아니었다. 생계를 책임질 줄 아는 책임감이 있었고, 본인이 선택한 길이 맞는지에 대한 사전 준비 과정 및 점검을 거쳤다. 많은 고민 끝에 힘들지만 돈을 벌면서 하고 싶은 일을 찾기 위한 노력을 한 것이고, 결국 찾을 수 있었던 것이다.

이와 반대로 하고 싶은 일을 하기 위해 돈을 버는 사람들도 있다. 대표적인 예가 예술인들이다. 발레리나, 뮤지컬배우, 연극배우 등 본인이 좋아하는 일을 위해 막노동, 아르바이트, 배달일 등을 하면서 생계를 유지해 나간다. 그렇지만 그들은 하고 싶은 일을 하고 있기에 행복하다. 대다수 예술가의 삶이 일반 직장인의 삶과는 많이 다르다. 그들은 하고 싶은 일을 계속하기 위해 아르바이트를 해서라도 돈을 벌며 견디고 있는 것이다.

일부 직장인은 하고 싶은 일을 하기 위해 돈을 벌기도 한다. 취미 활동을 위해 돈을 벌고 회사를 다니는 사람들인 셈이다. 돈을 벌어 그 돈으로 본인이 좋아하는 여행을 하면서 여행 작가를 겸업하는 직장인, 스키를 너무 좋아해서 스키장에서 안전요원 자격증까지 취득하는 직장인들이 바로 그 예일 것이다.

NBA의 위대한 플레이어 마이클 조던은 말했다.

"장애물 때문에 반드시 멈출 필요는 없다. 벽에 막힌다면 돌아서서 포기하지 말라. 어떻게 벽에 오를지, 뚫고 갈 수 있을지, 또는 돌아갈 수는 없는지 생각하라."

당신이 지금 하고 싶은 일을 찾기를 원하는지, 하고 싶은 일을 하기 위해 일을 하고 있는지, 취미생활을 하기 위해 일을 하고 있는지, 어떤 상태에 있는지 나는 잘 모른다. 하지만 단 하나 분명한 것은 지금의 일로 다른 분야에 가는 것은 결코 불가능하지 않다는 사실이다.

CHAPTER 4

나의 시간, 어떻게 끌고 갈 것인가?

할 수 없는 상황이나 해서는 안 되는 일에 "아니요"라는 말을 하지 못하는 것은
시간에 끌려가게 되는 가장 큰 이유이다.
특히 계획에 없던 돌발적 일들이 자주 생기는 부서에서 근무한다면 반드시 필요한 생존법이다.
본인이 거절하지 못하고 끌려다니면서 타인을 탓하고 시간이 아깝다고 말하는 사람들을 주변에서 많이 볼 수 있다.
본인이 정말 진정으로 원한다면 "아니다"라고 필요할 때 말해야 한다.

시간을 끌고 가기 위해서는 오늘이 끝이라는 생각을 가져야 한다.

끝이라고 생각하면
할 수 있다

"시간은 우리 각자가 가진 고유의 재산이요, 유일한 재산이다. 그것을 어떻게 사용할 것인지를 결정할 수 있는 것은 오로지 우리 자신뿐이다. 결코 그 재산을 남이 우리 대신 사용하지 않도록 조심하라."

미국의 유명 시인 칼 샌드버그의 말이다. 그 외에 많은 유명한 저자, 사상가, 철학자, 정치가 들이 시간의 중요성을 언급하고 있다. 우리 역시 시간의 소중함을 익히 들어왔다. 그럼에도 불구하고 우리는 시간에 끌려다니는 삶을 살고 있다. 왜 그런가?

많은 직장인은 시간관리에 대해서 다음과 같은 생각을 하고 있다.

'어차피 퇴근을 늦게 하는데 굳이 할 필요가 없다.'

'시간관리 안 해도 잘되고 있는데?'

'귀찮고 피곤해.'

'그렇게 빡빡하게 살고 싶지 않다.'

게다가 왠지 시간관리에 철저한 사람은 냉철하고 인간미 없어 보인다면서 스스로 정당화하기도 한다. 하지만 실상은 그게 아니다. 시간이 항상 많다고 생각하기 때문에 그러는 것이다. 우리가 시간의 소중함에 대해 생각할 기회가 적어서이다. 30대인 우리는 아직 건강하고, 회사를 다니고 있으며, 친구들과 부모들도 대부분 건강하다. 시간의 중요함을 알고 있지만 회사와 일이 우선이라는 생각을 갖고 있어서 시간이 없다는 것에 대해서는 당연시한다.

"오늘이라는 날은 두 번 다시 오지 않는다는 사실을 잊지 말라."

『신곡』으로 유명한 이탈리아 시인 단테의 말이다. 로마의 시인 푸블리우스 시루스도 "하루하루를 우리의 마지막 날인 듯이 보내야 한다"고 말했다. 그렇다. 오늘은 두 번 다시 오지 않는다. 그렇지만 우리는 내일이 있기 때문에 크게 걱정하지 않고 회사생활을 하고 있는 것이다. 오늘을 어제의 또 다른 이름으로 여기며 계속 연장선상이라는 생각을 갖고 일한다. 그렇지만 시간을 끌고 가기 위해서는 오늘이 끝이라는 생각을 가져야 한다.

시간의 소중함에 관한 영화도 상당히 많다. 그중 〈이프 온리〉라는 영화가 있다. 젊은 비즈니스맨 이안은 항상 바쁘다. 여주인공 사만다의 중요한 연주회가 있던 날 식사를 하다가 말다툼을 하게 된다. 그녀는

레스토랑을 나와 택시를 타고 집에 돌아가다 이안이 보는 앞에서 사고로 목숨을 잃게 된다. 그런데 다음 날 어제와 동일한 상황이 반복되는 놀라운 경험을 하게 된다. 이안은 더 이상 시간과 일에 쫓기지 않는다. 그녀를 위해 이 하루를 소중하게 보내야 한다는 사실을 알기 때문이다.

오늘이 끝이라면 시간의 소중함을 인지하고 1분 1초를 소중하게 여기지 않을까? 하지만 우리는 오늘이 마지막이 아니라고 생각하기에, 마지막일 리 없다고 생각하기에 시간을 소중하게 여기지 않는다. 건강할

때 건강을 지켜야 한다는 말을 알고 있지만 잘 지키지 않는 것과 같은 맥락이다. 오늘이 끝이 아님을 알고 있으니 끝이라고 생각하는 것은 어려운 일이다. 오늘 삶이 끝나지 않을 것을 이미 알고 있기 때문이다. 그렇다면 어떻게 해야 오늘이 마지막인 것처럼 살 수 있을까?

첫째, 열정을 갖고 생활해야 한다.

『화난 원숭이들은 모두 어디로 갔을까』, 『스파크』의 저자 송인혁은 다음과 같이 말했다.

'우리는 모두 열정적이다. 단 회사 밖에서만.'

뜨끔하지 않은가? 회사에서 당신은 별로 열정을 쏟고 싶지 않다. 그렇기 때문에 목표 설정을 할 수가 없고, 시간 계획을 세울 수도 없다. 그렇지만 시간 계획은 곧 인생 계획과 일치한다. 열정이 없기 때문에 삶에 대한 목적이 없고, 시간관리도 할 필요가 없는 것이다.

시간에 끌려다니는 삶은 열정이 없어서 그런 것이다. 열정이 없다는 것은 '그냥 내가 뭐 그렇지, 다들 이렇게 사는 것이지, 피곤하다, 쉬고 싶다, 재미없다, 귀찮다, 짜증난다' 등등 온갖 부정적인 느낌들이 당신을 지배하는 것이다. 위의 문장을 읽을 때 혹시 힘이 빠지는 느낌이 들지 않았는가? 바로 그 느낌들이 항상 당신을 지배하고 있는 것이다.

둘째, 스스로 한 달, 6개월, 1년 단위로 끝을 정해본다.

회사를 다니고 있고, 현재 팀에 소속되어 일을 하고 있지만 조만간 끝이고, 계약이 끝날 것이라는 절박함을 가지고 업무를 수행해보는 것이다. 사랑하는 사람에게, 일에 대해서, 친구들에게 최소 3, 6개월 단위로 끊어서 대해보는 것이다. 만약 당신이 회사에 불만을 가지고 있다면 6개월, 1년 뒤가 끝이라는 마음으로 최대한 배울 것을 배우자는 마음가짐으로 한바탕 임하는 것이다.

'이제 진짜 끝이다'라는 생각은 아쉬움과 후회스러운 마음을 불러일으킬 수 있다. 하지만 향후 진짜 끝이 되는 시점에서 후회하지 않는 것이 더 중요하지 않을까? 그때가 되면 정말 후회하게 될지도 모른다. 타인에 의해 끝이 정해지는 것이 아니라 본인 스스로 끝을 정하는 것이 덜 스트레스 받고 덜 피곤할 것이다. 미리 끝이라는 마음과 시점을 정해놓고 하루하루를 소중히 보내야 하는 것이다.

2

확실히
할 수 있는 일부터 하라

많은 사람은 본인이 해결할 수 없는
일에 대해 고민하고 걱정한다. 회사에는 쉽게 바꿀 수 없는 일들이 많
다. 그런 일 때문에 일하면서 서로 화를 내는 경우가 많다. 상사나 타
부서 사람들에게 불만을 토로해도 쉽사리 해결되지 않는다.

물론 CEO가 바뀌면서 대대적인 혁신을 실시하거나, 갑자기 회사정
책이 변경된다거나, 시간이 흐르면서 자연스럽게 바뀌는 경우도 있다.
그렇지만 본질적으로 결코 바꿀 수 없는 것들이 분명 존재한다. 그것들
에 소중한 시간을 허비하며 정신건강을 해치고 있는 사람들이 많다.

다음 사항 중 당신이 지금 당장 바꿀 수 있는 것이 있는가?

① 지금까지 해온 일의 방법

② 너무 많은 일과 턱없이 부족한 시간

③ 조직의 표준업무 절차

④ 사소한 일이 너무 많아서 중요한 일을 하지 못하는 것

⑤ 다양한 사람의 너무 많은 지시

⑥ 각각의 상사마다 기준이 달라서 보고할 때마다 전혀 다른 해석을 하고, 중요도를 다르게 생각하는 것

⑦ 화내고 욕해서 분위기를 나쁘게 만드는 상사

위의 내용은 대다수의 회사원이 실제 회사에서 경험하는 것들이다. 게다가 이것들은 개인이 바꾸기 어려운 문제점들이다. 만약 당신이 누군가에 의해 바뀌어야 한다면 쉽게 타인이 요구하는 사람으로 변할 수 있겠는가? 물론 상대가 누구인가에 따라 바꿔야 할 수도, 바꾸지 않아야 할 수도 있다. 그렇지만 바꾼다는 것은 결코 쉽지 않은 문제이다. 본인도 스스로 바꾸기 어려우면서 어떻게 상사와 회사를 쉽게 바꿀 수 있겠는가?

결코 바꿀 수 없는 것들에 초점을 맞추면 회사생활에 무기력감을 느끼게 되고, 상사와 회사에 대한 모든 것이 불만으로 가득 차게 된다. 그러니 우리는 결코 통제할 수 없는 것에 시간을 쏟는 어리석은 짓을 하지 말아야 한다. 불가능한 것에 도전정신을 갖고 가능하게 만드는 것은 칭찬받을 일이지만 세상에는 전혀 통제할 수 없는 것들도 많다. 차라리

우리 스스로 관리할 수 있는 것들에 초점을 맞추는 게 좋다. 방안이 더 쉽기 때문이다. 관리할 수 있는 것들부터 관리하고, 나중에는 관리할 수 없는 것까지 도전해보아도 괜찮다. 그것은 당신 몫이다.

경쟁력은 누군가에게 부여받는 것이 아니라 스스로 찾고 만들어야 하는 것이다. 미국의 유명한 시인 랠프 왈도 애머슨은 말했다.

"오늘을 붙들어라. 되도록이면 내일에 의지하지 말라. 그날그날이 일 년 중에서 최선의 날이다."

우리 역시 오늘이 가장 중요함을 어린 시절부터 많이 들어왔다. 심지어 어린 시절 미용실이나 이발소 벽에도 오늘에 관한 명언이 자주 붙어 있었을 것이다. 학창 시절 교실이나 화장실 벽에 늘 붙어 있던 명언이 있다. 그것은 '오늘은 어제 죽은 자가 그토록 바라던 내일이다', '오늘이라는 날은 두 번 다시 오지 않는다' 같은 오늘의 소중함에 관한 것들이다. 그렇지만 나이가 들어가면서 우리는 시간의 소중함을 잊곤 한다. 연말이나 월말이 되면 '시간이 참 빠르구나'라며 한탄할 뿐이다. 오늘이 모여 내일을 만들고, 우리의 미래를 만드는 것임을 잊지 말아야 한다.

시간관리를 잘하는 인물들은 결국 자기 스스로를 잘 통제하는 사람들이다. 시간관리는 결국 자기관리와 연결되기 때문이다. 그들은 회사 프로세스와 스스로 세운 업무 단계에 맞춰 일을 처리해나간다. 그들은 시간에 끌려다니지 않는다. 스스로 시간을 통제하는 법을 알기 때문이다.

삼성전자 근무 시절, 한 선배에게 어느 날 아들의 키를 재보고 깜짝 놀랐다는 말을 들었다. 그 선배는 항상 일에 파묻혀서 지냈다. 매일 밤 늦게까지 일하는 것도 모자라 가끔 새벽에 퇴근하기도 하였다. 아이의 잠든 모습만 보다가 아이가 생각보다 많이 컸음에 놀란 것이다. 많은 사람이 그 선배의 성실함과 강철 체력을 부러워했지만 결코 그처럼 일하고 싶어 하지는 않았다.

그런데 일이 많은 부서라도 일찍 퇴근하는 사람들이 있다. 상사의 눈치를 안 보고 퇴근한다고 주변 사람들이 부러워하는 동료들이다. 그러나 그 사람 역시 해야 할 일을 하지 않고 퇴근할 수 없다. 물론 그냥 퇴근하는 경우도 가끔씩 있지만 일을 마무리하고 일찍 퇴근하는 사람들을 예로 드는 것이다.

과연 어떻게 그들은 남들보다 일찍 퇴근할 수 있었을까? 그들은 시간을 통제하는 법을 알기 때문이다. 회사에서 일할 때 온통 일에만 집중한다. 그렇게 계속 일하다 보니 일을 일찍 마무리하는 방법이 체화된 것이다.

같은 부서의 팀원 중 한 명은 집안에 일이 있어서 매일 일찍 퇴근할 수밖에 없었다. 그는 업무를 일찍 마칠 수밖에 없도록 자신을 단련시켜 나아갔다. 되도록 자리에서 일어나지 않고 일만 한 것이다. 화장실 가는 시간도 정해놓고 그 시간에만 일어났다. 연구직이어서 일에 몰입할 수 있는 환경이라는 것도 도움이 되었다. 그렇지만 같은 연구원이라도 다른 사람들이 자리를 비우고 돌아다니면서 일을 처리하는 것과는 전혀 다른 모습이었다.

그의 모습을 유심히 관찰해보았다. 그는 우선 본인이 꼭 해야 할 일부터 바로 처리하였다. 본인의 입장이 아닌 상사의 입장에서 중요하고 긴급한 일부터 빨리 처리한 것이다. 출근하면 그날 할 일을 적고, 퇴근할 때 그날 처리한 일과 다음 날 할 일을 정리하는 습관이 있었다.

대부분의 직장인은 급하고 본인이 긴급하다고 생각하는 일부터 먼저 처리한다. 하지만 긴급한 일은 항상 끝없이 쏟아진다. 게다가 그런 일들이 계속 쌓이면 부담이 된다. 해야 할 일도 많아지면서 마무리한 일도 늘어나지 않기 때문이다. 이런 경우 마음이 불편한 상황이 지속된다. 그럴 때는 일의 경중을 따져보고 리스트화하는 작업이 필요하다. 우선 손쉽게 바로 처리할 수 있는 일부터 해결하는 것이다. 그 후에 상사의 입장에서 중요한 일을 우선 처리한다면 부담스러운 마음을 줄일 수 있고 시간에 덜 끌려갈 것이다.

그렇게 하더라도 일이 계속 늘어나기만 한다면 할 수 없는 일은 나중에 하겠다고 상사에게 말이라도 해보자. 상사가 당신을 또 시키는 이유는 팀 내에서 그 일을 할 사람이 없기 때문이다. 또는 당신이 그 업무를 가장 잘 알고 있는 담당자이기 때문이다. 이런 경우에 지시를 따를 수밖에 없지만 본인이 현재 안 될 것 같으면 상사에게 "말씀하신 것보다 시간이 좀 더 걸릴 것 같습니다"라고 반드시 이야기해야 한다.

앞서 언급했듯, 업무 진행 사항에 대해 상사가 물어보면 나는 늘 "예, 빨리 처리하겠습니다. 거의 다 다 되었습니다"라고 대답했다. 하지만 실제로 업무가 완료된 것은 아니었다. 이런 나의 모습에 과장 한 분은 내게 "거의 다 되었다고 말하는 것은 결과물을 갖고 보고 드릴 때 하는 것이다"라는 조언을 해주었다.

그의 말은 옳고 또 옳았다. 정말 단순한 조언이었지만 그때까지 말만 앞섰던 나에게 제동을 걸어준 것이다. 결과물도 없이 다 되었다는 말을 하니 내가 한 말에 스스로 포로가 되었던 것이다. 그 결과, 시간에 끌려 갈 수밖에 없었다. 게다가 상사의 입장에서는 다 되었다고 말만 하며 결과를 보여주지 않는 부하 직원이 괘씸할 것이다. 거짓말을 한 것으로 여기고 질책이나 인사 고과상 불이익을 줄 수도 있다.

이 상황은 마치 중국집에 음식을 주문하고 잠시 후 언제 도착하는지 전화를 하면 항상 "거의 다 도착했다"라고 말하는 중국집 아주머니와 비슷한 것이다. 고객 입장에서는 아직 출발도 안 한 것 같은데 거의 다 도착했다고 말하니 전혀 신뢰할 수 없는 것이다. 차라리 구체적으로

"먼저 온 주문을 반영하고 배달 거리를 고려해서 15분 후 도착 예정입니다" 하는 식의 프랜차이즈 음식점의 말에 더 신뢰가 갈 것이다.

정리해보면 다음과 같다.

첫째, 손쉽게 처리할 수 있는 일부터 처리한다.

둘째, 상사의 입장에서 중요하고 긴급한 일부터 처리한다.

셋째, 당장 할 수 없는 일은 상사에게 미리 말해서 일정을 조율한다.

3

접근방식을
바꾼다

'일하는 방법을 끊임없이 바꿔야 한다.'

니체, 쇼펜하우어 등에게 영향을 준 스페인의 성직자 벨타사르 그라시안이모랄레스의 말이다. 그는 '일직선으로 날아가는 새는 쏘아 떨어뜨리기 쉽지만 이쪽저쪽으로 방향을 바꾸며 나는 새는 쏘아 떨어뜨리기 어려운 법이다'라고 했다. 방향을 바꾸며 나는 새를 잡기 위해서는 기존의 방법이 아닌 새로운 접근방식이 필요한 것이다.

회사에서 일을 할 때 기존의 방식으로 똑같이 해도 해결되지 않는 경우가 종종 있다. 항상 시점과 환경의 변화라는 변수가 있어서, 기존과 똑같은 방식으로 해도 문제가 풀리지 않는 경우가 있는 것이다. 해결되지 않는 문제를 동일한 방법으로 해결하려고 계속 노력하는 것은 무

의미한 도전이다. 그것은 마치 '계란으로 바위 치기'와 유사하다. 아무리 해결하려고 해도 할 수 없는 노릇이다. 계란으로는 바위를 깰 수 없다. 접근방식이 애초에 잘못되었기 때문이다. 결국 바위를 깨기 위해서는 바위보다 단단한 연장이 필요하다. 상식적인 이야기이지만 회사에서 시간에 쫓겨 일을 하다 보면 자주 잊고 사는 것이기도 하다.

그렇다면 어떻게 해야 접근방식을 바꿀 수 있을까? 기존의 방식과 전혀 다르게 접근하려면 무엇을 해야 할까? 전혀 다른 접근방식이란 어려운 것일까?

인간의 심리적 현상 중 휴리스틱스(heuristics)라는 것이 있다. 사람들은 이것을 이용해 기존에 내렸던 결정 중 가장 효율적이고 효과적인 것을 따라가는 성향이 있다. 비효율적이거나 타당하지 않은 방식들을 없애는 것이다. 그것은 불필요한 시행착오를 줄이고, 최적의 선택을 하기 위해서 인류가 택해온 방법이다. 휴리스틱스는 사고 과정을 단순하고 빠르게 해주기 때문에 판단을 쉽게 해준다.

우리는 정보가 충분치 않거나 시간에 쫓기다 보면 합리적 결정을 할 수 없게 된다. 대부분의 사람이 기존의 경험과 본인의 직관에만 의존해 편파적 결정을 내리기도 한다. 따라서 과거에 성공한 경험이 반드시 옳은 것은 아니다. 그것이 올바른 의사결정을 가로막을 수도 있기 때문이다.

우리는 대부분 성공 경험을 가지고 있다. 동일한 일에 대한 성공 체험이 많은 사람일수록 본인도 모르게 형성된 직관에 따라 판단을 내린다. 따라서 다른 아이디어를 수용하거나 참고하고 도전하기가 어려워진다. 본인이 이미 정답을 다 알고 있다고 생각하기 때문이다.

휴리스틱스는 반드시 필요한 것이기도 하지만 접근방식을 바꿔서 생각하지 못하도록 하는 장애물인 경우도 있다. 그렇기 때문에 다양한 분야에 도전해보고, 비판해보고, 본인과는 다른 상대방의 의견도 경청해봐야 하는 것이다. 그러므로 가장 위험한 것은 우연히 단 한 번 성공한 것일 수도 있다.

접근방식을 바꾸는 것은 금방 할 수 있는 것은 아니다. 다르게 생각하는 과정이 필요하다. 그렇다면 이미 익숙한 휴리스틱스를 바꿀 방법으로는 무엇이 있을까?

나의 경우는 좀 단순하게 휴리스틱스를 바꾸려고 노력했다. 우선 담배를 끊었다. 10년 이상 피워온 담배를 단칼에 끊을 수 있었던 것은 다시는 예전과 동일하게 살지 않겠다고 다짐한 덕분이었다. 그리고 몸을 움직이기로 마음먹었다. 거창하게 근육을 키우고 '몸짱'이 되기 위한 것이 아니라 변화를 위해 매일 최소 10분간 팔굽혀펴기 등 몸을 움직이기로 한 것이다. 마지막으로 나는 나 스스로를 불편하게 만들기로 했다. 그림도 그려보고, 요리도 하고, 왼손으로 젓가락을, 마우스를 쓰기로 했다. 익숙하고 단순한 것에서 벗어나지 않으면 변화를 기대할 수 없다는 간절한 마음이 조금씩 나를 변화시켰던 것이다.

일본의 경제학자 오마에 겐이치는 자신의 책 『난문쾌답』에서 인간을 바꿀 수 있는 세 가지 방법에 대해서 말했다. '시간을 달리 쓰는 것', '사는 곳을 바꾸는 것', '새로운 사람을 사귀는 것'이 바로 그것이다. 이 방법을 문제 접근방식을 바꾸는 것에 도입해볼 수 있지 않을까?

우선 시간을 달리 쓰는 것은 출퇴근길 혹은 잠들기 전에 생각하는 것으로 시도해볼 수 있다. 사는 곳을 바꾸는 것은 다른 공간에서 해보는 것이다. 출퇴근 방법을 바꾸는 것 역시 다른 공간과 연결될 수 있다. 회의실, 야외, 식당 등 다른 곳에서 생각해보는 것이다. 마지막으로 전혀 연관이 없는 사람들에게 문제에 대해서 물어보고 조언을 찾는 것이다. 단, 그들의 의견에 대해 절대 비판하거나 비난하면 안 된다.

※ 오마에 겐이치의 인간을 바꿀 수 있는 세 가지 방법
① 시간을 달리 쓴다.
② 사는 곳을 바꾼다.
③ 다른 사람을 만난다.

손정의 회장은 열아홉 나이에 어렵게 들어간 UC버클리에서 경제학을 공부했다. 그는 매일 5분을 발명에 할애하기로 했다. 하루 한 가지씩 고안하고 그중 가능성이 높은 것에 승부를 걸기로 한 것이다. 비현실적이라는 비난이 쏟아졌지만 포기하지 않았고 '다중어 번역기'라는 아이디어를 생각해냈다. 엔지니어링 기술이 부족했던 그는 음성발신 관련 권위자인 포레스터 모더 교수를 찾아가 그의 도움을 받아 특허를 받고, 시제품을 완성했다. 그 후 특허를 팔기 위해 일본으로 가서 마쓰시타전

기와 다른 회사들 수십 곳을 방문했지만 거절당했다. 거듭된 시도 끝에 샤프에게 특허를 팔았고 당시 1억 엔(현재 환율로 약 15억)에 해당되는 돈을 벌게 되었다. 샤프는 그 기술로 IQ 8000이라는 전자사전을 만들었다.

> ※ 손정의의 발명법
>
> ① 주변에 있는 문제들을 해결할 답을 찾는다.
>
> ② 큰 것은 작게 만들고, 네모는 둥글게 변환한다.
>
> ③ 기존에 있던 것을 새롭게 조합해본다.

그는 그 스스로 세 가지 방법으로 다르게 생각해서 성공을 거두었다. 영국의 경제학자 존 케인스는 세상에서 가장 어려운 일은 새로운 아이디어를 생각하는 것이 아니라 과거의 아이디어를 잊는 것이라고 말했다. 손정의는 접근방식을 다르게 하기 위해 본인만의 시스템을 만들었다. 그것을 통해 기존에 누구나 할 수 있는 접근법이 아닌 다른 방법으로 큰돈을 벌 수 있었고, 향후 소프트뱅크라는 거대 기업을 세울 기초를 마련했던 것이다. 오마에 겐이치와 손정의의 방법을 사용해서 우리역시 접근방식을 바꾸도록 노력해보자.

4

싫다면
거절하라

오늘 가족과 식사를 하기로 했다. 그런데 갑자기 돌발적 회식이 생겼다. 상사는 조직과 일의 중요성을 앞세운다.

이런 경우 조직문화가 폐쇄적이고 보수적인 한국 기업에 다니는 대부분의 직장인은 어쩔 수 없이 가족과의 식사를 포기한다. 그리고 본인은 어쩔 수 없었다고 말한다. 가족에게는 중요한 약속 탓에 가지 못해서 미안하다고 말한다. 이번 한 번만 봐달라고 말한다. 아빠와 남편이 오기만을 기다렸던 아이들, 아내에게 허탈함을 전해준 꼴이 된다. 이런 상황에 대해 스스로에게 화를 내거나 회사와 상사를 비난한다.

그런데 이는 당신이 선택한 결과이다. 당신이 "아니요"라고 말하지 않았기 때문에 생길 수밖에 없었던 결과다. 회사에서 가지 말라고 했다고? 그렇지만 당신은 갈 수 있었다. 가끔 가족이 인생에서 가장 중요하다고 말하지만 결국 다시 회사에 끌려간다. 회사 일이 많아서 어쩔 수 없고, 돈을 벌어야 우리 가족이 먹고살 수 있다면서 이해해달라고 말한다. 회사를 다녀본 경험이 있는 아내라면 어느 정도 이해할 수도 있다. 그렇지만 회사를 다녀본 적이 없고, 다녔어도 자유로운 기업이었다면? 그렇다면 아이들은? 당신을 원망하지 않을까? 그러다 시간이 지나면 그냥 그런가 보다, 하고 생각할 뿐 아빠의 자리는 항상 비어 있게 마련이다.

어디서 많이 들어본 이야기 아닌가? 바로 우리 아버지들 이야기이다. 어린 시절 아버지에 대한 기억이 거의 없는 사람들이 많다. 그 아버지의 모습이 지금 당신의 모습인 것이다.

'모두가 예라고 말할 때 아니라고 말할 수 있는 사람이 좋다'라는 모 증권 회사의 CF가 인기를 끌었던 적이 있다. 당신은 당신이 원하지 않는 상황일 때 과연 "아니다"라고 말할 수 있는가? 회사에서의 삶이라는 것이 언제나 "아니요"라고 말할 수 있는 것만은 아니다. 그러나 필요할 때 "아니다"라고 말할 수 있어야 시간에 끌려다니지 않을 수 있다. 우리 모두는 대등한 존재이므로 나의 의견을 말할 권리가 있다. 우리 스스로가 판단자인 것이다. 좋고 싫음을 판단할 수 있는 주체인 것이다.

스티브 잡스 역시 "혁신은 사내의 수많은 아이디어 도출 과정에서 천 번 '아니오'라고 대답하는 것으로부터 시작된다"라고 말한 적이 있다.

이런 과정을 통해 애플은 다른 경쟁사와는 다른 창의적이고 혁신적인 제품들을 세상에 내놓을 수 있었다.

당신 또한 '아니다'라고 생각할 때 "아니요"라고 말할 줄 알아야 한다. 그렇지만 이런 말을 하는 나 역시 알고 있음에도 불구하고 그런 말을 잘하지 못했다. 지금도 머리로는 이해하지만 행동으로 실천할 때는 몇 번이고 속으로 다짐하고 말을 하는 편이다. 특히, 그 자리에서 바로 "아니요"라고 해야 하는 경우에도 바로 대답하지 못하고, 나중에 "그건 안 될 것 같습니다"라는 말을 하는 편이다.

할 수 없는 상황이나 해서는 안 되는 일에 "아니요"라는 말을 하지 못하는 것은 시간에 끌려가게 되는 가장 큰 이유이다. 특히 계획에 없던 돌발적 일들이 자주 생기는 부서에서 근무한다면 반드시 필요한 생존법이다.

본인이 거절하지 못하고 끌려다니면서 타인을 탓하고 시간이 아깝다고 말하는 사람들을 주변에서 많이 볼 수 있다. 본인이 정말 진정으로 원한다면 필요할 때 "아니다"라고 말해야 한다. 당신은 타인이 원하는 것을 일시적으로 해줌으로써 상사와 동료들을 기쁘게 해줄 수는 있다. 그러나 행복한 삶을 살기 위해 노력해야 하고, 그러다 보니 가족과의 관계에서 상처를 받는 것은 결국 당신이다. 물론 사회생활이라 어느 정도 상황을 고려해야 한다. 무작정 본인의 생각만 내세우면 결국 개인주의라고 여겨질 수도 있다.

당신이 거절을 잘 못한다고 해도 방법은 있다. "아니요"라고 말할 수 없는 우리는 조금씩 어떤 방식으로 해야 하는지 참고하고 배워야 한다. 지금 당장 "아니요"라고 말을 하지 못한다면 주변의 동료들을 살펴보자. 이런 말을 잘하는 동료 직원들이 반드시 있다. 현재 그들을 보고 "아니요"라고 말하기 위해 매일 훈련 중이다. 하루아침에 "예"라고 말했던 성향이 바뀌지는 않기 때문이다.

나만의 훈련 방법은 의식하고 생각하고 말하기이다. 무조건적으로 먼저 "예"라고 대답하는 것이 아니라 생각하고 상황을 보는 눈을 키우는 것이다. 물론 이것도 해보니까 쉽지 않았다. 타인에게 좋지 않게 보일 수 있을 것 같다는 생각이 들어 초반에는 쉽사리 "아니요"라고 말할 수도 없었다.

어느 정도 상사와 팀원들과의 관계가 좋거나 서로를 잘 이해할 수 있는 관계라면 "아니요"라고 말할 수 있다. 그렇지만 상사들과의 깊은 관계가 형성되지 않았는데 갑자기 "아니요"라고 말하기란 어려운 것이다. 이런 답답한 성격은 바뀌기도 어렵다. 하지만 당신이 생활하고 생존하고 있는 지금 이곳에서 더 오랫동안 일하기 위해 반드시 필요한 기술이고, 말해야 하는 것이다.

싫다고 매번 칼같이 거절하기란 물론 쉽지 않다. 하지만 그럼에도 당신이 시간에 끌려가는 주요 원인은 거절을 못하는 것 때문이라는 사실을 노려보고 있어야 한다.

일본의 승려 작가 코이케 류노스케는 『생각 버리기 연습』에서 '받아들여지고 싶다'는 욕구가 고통을 부른다고 말했다. '상대에게 받아들여지고 싶다. 상사가 나를 싫어하면 안 된다'라는 욕구가 괴로움을 이끈다는 뜻이다. 특히 SNS가 발달한 오늘날 블로그에 글을 쓰거나 페이스북에 사진을 올렸을 때 댓글이 없으면 속상하고 우울한 경우도 많다. 이는 타인들에게 인정받고 싶어서 그런 것이다. 괜히 내가 쓴 글에 상대방이 아무 반응이 없으면 자존심에 상처를 입는 경우도 발생한다.

하지만 이런 게 정말 중요한 것일까? 이런 것에 신경 쓰는 동안 당신의 인생에 더욱 소중한 그 무언가를 놓치고 있는 것은 아닐까? 이 역시 타인들에 의해 끌려가는 것일 뿐이다. 이런 행동심리를 'FOMO(소외공포증)'라고 한다. 이는 'Fear Of Missing Out'이라는 말인데, '주변의 많은 사람에게 좋은 사람으로 남고 싶다. 모든 일에 끼어들어야 한다. 그렇지 않으면 외톨이가 될까 봐 무섭다'라는 상황에 대한 단어다. 실제로 미국 캘리포니아에 위치한 소셜미디어 연구 회사 마이라이프에서 2013년 9월 발표한 논문에서는 SNS 사용자 중 56퍼센트가 고립 공포감을 느낀다고 했다.

결국 주객이 전도되어서는 안 된다. 상대가 아닌 내가 중심에 있어야 한다. 철저히 내 입장에 서서 "예" 혹은 "아니요"를 상대에게 날려야 한다.

나쁜 사람이
되라

피터 드러커는 "시간이야말로 가장 간단한 문제이다. 그러므로 시간을 관리할 수 없는 사람은 그 어떤 다른 것도 관리할 수 없다"고 했다. 그는 시간관리가 가장 쉽다고 말한 것이다. 정말 그럴까? 우리는 과연 시간을 잘 관리하고 있다고 말할 수 있을까?

나폴레옹은 "그대는 그대가 원하는 것은 무엇이든지 나에게 청구할 수 있지만 시간만은 안 된다"라고 말했다. 그는 시간의 소중함을 온몸으로 느끼고 있었다.

우리는 그동안 타인들의 부탁에 거절을 잘 못했다. 그래서 주체적으로 하지 못하고 시간에 끌려다닐 수밖에 없었다. 그렇지만 지금부터는

"아니요"라고 의식적으로 말하려고 노력해보자. 여기에 추가로 나쁜 사람이 되어보자.

물론 실제 나쁜 사람이 되자는 것은 결코 아니다. 끌려다니지 않기 위해 착한 사람이 아닌 조금은 이기적인 사람이 되자는 말이다.

생각해보라. 회사에서 인기 많은 사람들은 착하기만 한 사람들은 아니다. 착한 그들은 언제나 소처럼 일만 한다. 좀 더 약았다고 하는 사람들이 인기도 좋고 사회생활도 잘한다고 평가받는다. 착한 사람은 결국 손해를 보게 마련이다. 착하다는 미명하에 타인의 요구를 다 들어주고, 시키는 대로 끌려다니다가 마지막에 후회한다. 그런 삶은 지극히 어리석다. 그것은 착한 것이 아니다. 그런데 흔히 본인은 착하다는 착각에 빠져 있다. 그런 사람에게 많은 이가 고맙다고 말하면서 자꾸 자신의 할 일을 전가한다.

잘한다고 계속 일을 시키는 상사 역시 마찬가지다. 일을 잘하기 때문에, 시킬 사람이 너밖에 없다고 말하지만 그래서 결국 시간에 끌려다니는 꼴이 되고 만다. 상사와 동료들에게도 적절히 거절하는 자세가 필요하다. 본인이 욕심이 나고, 할 수 있다고 생각해도 현재 그것보다 더 중요한 무엇인가가 있다면 거절할 줄 알아야 한다. 물론 너무 자주, 모든 걸 거절하는 것은 적절하지 않다. 상황을 봐서 강약을 조절할 필요가 있다.

아기는 싫고 좋음을 확실하게 표현한다. 본인이 싫은 것은 싫다고 표현하고 고개를 젓는다. 싫으면 하지 않는다. 상대의 부탁을 거절함으로

써 지금 잠깐 나쁜 사람이 될 수도 있다. 하지만 한 번의 거절로 여유를 얻고 스트레스를 받지 않을 수 있다면 어떤 선택이 옳은지는 자명하지 않겠는가.

과연 어떻게 하면 나쁜 사람이 될 수 있을까? 가장 쉬운 방법은 '모든 사람이 나를 다 좋아하지는 않는다. 그리고 나도 모든 사람을 다 좋아할 필요는 없다'라는 차원에서 접근하는 것이다.

그들 모두가 나를 좋아하게 만들 수도 없다. 그리고 모두 나를 좋아하리라 기대하지도 말아야 한다. 많은 사람이 좋아하는 인기 연예인에게도 안티팬은 반드시 존재한다. 그들은 안티팬을 무시하는 전략을 세운다. 무시할 수밖에 없기도 하다. 안티팬의 말도 안 되는 주장에 일일이 대응하다 보면 본인이 더욱 힘들어지기 때문이다.

우리는 그동안 남의 시선에 얽매여 살아왔다. 정해진 규정에 의해 하지 말라는 강요를 받았고, 남들을 모두 사랑해야 한다고 세뇌당했다. 그렇게 해서 스트레스를 받지 않고 행복하다면, 그 말이 백번 옳다. 그렇지만 당신은 위인이 아니다.

회사생활 또는 모든 인간관계에서 나와 맞지 않는 사람들은 반드시 존재한다. 성향이든 자라온 환경 때문이든 그냥 안 맞는 것이다. 그런 그들을 모두 끌어안을 필요는 없다. 그냥 적만 되지 말자는 생각으로 대하면 된다. 당신이 스스로 굳이 친해지기 위해 노력하거나 다가가야 할 필요도 없다.

그렇다면, 전혀 안 맞는데 억지로라도 친해져야 할 때는 어떻게 해야 할까? 이 경우는 앞의 이야기와 좀 달라진다. 예를 들어 싫어도 친해져야 하는 을의 경우는 어쩔 수가 없다. 싫어도 일을 하기 위해서 할 수 없이 친한 척을 해야 하는 경우가 많기 때문이다. 하지만 이 경우에도 정말 친해지기 어렵다면 그냥 업무상의 관계로만 지내면 된다. 나를 좋아해달라고 할 필요도 없다.

괜히 인간관계에서 스트레스를 받지 말자. 그냥 내려놓으면 편해진다. 내가 모두를 다 좋아하지 않듯이 누구나 나를 좋아할 이유는 없지 않은가.

6

집에서
한다

회사생활을 하다 보면 일이 끝나지 않아서 집에 못 가는 경우가 많다. 사내 PC에 자료가 있어 회사에서만 해야 하는 일도 많다. 많은 직장인이 회사에서는 일을 하고 집에서는 일하지 않는다고 한다. 회사와 집의 구분이 확실히 필요하다는 것이다. 회사는 일을 하는 곳이고, 집은 쉬는 곳이라는 것이다. 그러다 보니 일을 마치려면 퇴근 시간이 늦어지고 가족들과 보낼 시간은 줄어든다. 회사 일을 집에서 할 수 있다면 가족들과 시간을 조금이라도 보낼 수 있을 것이다.

집에서 일하면 분명 장단점이 있을 것이다. 단점은 자료의 부족, 가족과 같은 공간에 있지만 집중해서 시간을 같이 보내기 어렵다는 점,

반드시 해야 하는데 못할 수도 있다는 점 등이다. 장점은 가족과 함께 시간을 보낼 수 있다는 점, 회사에 있어도 일하기 싫을 때 집에 갈 수 있다는 점 등이다.

집에서는 일이 안 된다고 하지 말고 몇 번 해보는 것은 어떨까? 머리가 돌아가지 않을 때 짐을 싸 밖으로 나와보자. 간단하게 짐을 싸고 필요한 자료를 들고 가 집에서 하는 것이다. 자료가 많이 필요하고 복잡한 서류 작성은 불가능하지만 간단한 아이디어를 기반으로 생각하는 것은 가능하다. 가족들과 함께 시간을 보내고 아이들이 있다면 잠들기 전 조용히 마무리할 수도 있다.

일은 반드시 집에서 해야 하는 것은 아니다. 그렇다고 반드시 회사에서만 해야 하는 것도 아니다. 본인의 스타일대로 맞춰서 하면 된다. 스스로 조금씩 자신에게 맞는 방법을 찾으면 된다.

몇 년 전부터 스마트 기기의 도움을 받아 집이나 카페에서 일하는 회사원들에 대한 기사를 많이 볼 수 있다. 아직은 일부분의 사람에게만 해당될 뿐, 대부분은 그렇게 하지 못하고 있을 것이다. 그렇지만 우리도 가능하다. 스마트폰을 이용해 문서를 볼 수도 있고, 간단한 메일도 쓸 수 있다. 자료를 요청할 수도 있으며 만들 수도 있다.

'일은 무조건 회사에서'라는 생각은 버려야 한다. 회사에서 최대한 일을 하되, 집에서도 할 수 있다는 생각을 가져야 한다.

집에서 일하기 싫어하거나 집에서는 일이 잘 안 된다는 사람까지 억지로 하라는 것은 아니다. 일과 삶의 균형을 위해서는 공간의 분리가 필요하다고 여기는 사람도 있기 때문이다. 예전 농경 시대에는 일과 삶의 분리가 없었다. 일이 곧 삶이고 삶이 곧 일이었기 때문이다. 현재 우리는 일과 삶을 분리하고 균형을 가지고 살아야 한다고 생각한다.

〈포춘〉에서 가장 일하기 좋은 직장 1위로 뽑힌 새스(SAS)의 짐 굿나이트 회장의 최종 목표는 일과 삶의 균형이 아닌 일치였다. 지금도 파격적인 복지로 많은 직장인의 부러움을 사고 있는 기업이 바로 새스이다. 그는 제너럴일렉트릭(GE)에서 엔지니어로 일하면서 강압적인 분위기에 반감을 느껴 퇴사 후 새스를 설립하였다.

여기서 말하는 '집에서 일을 하자'라는 의미는 자기 전까지 일을 하고, 식사하면서 일하고, 가족들과 시간을 보내면서 일하자는 것이 절대 아니다. 가족들과 같이 있는 동안에도 일할 수 있는 환경을 만들어보자는 의미이다. 자주 그러라는 것이 아니라 가끔, 집에서 가족들과 식사하면서 이야기도 나누면서 일할 수 있는 방법을 스스로 찾아보고 만들어보자는 의미이다.

CHAPTER 5

나만의 이노베이션, 스스로 끌고 가라

중심은 나로부터 시작되는 것이다.
타인의 말이나 책 혹은 강연에서 하는 이야기는 결국 그들이 찾은 그들의 것이다.
타인의 삶을 똑같이 산다고 성공할 수 있는 것은 아니다.
그들의 삶을 벤치마킹하여 자신의 것으로 만들지 않는다면,
자신 스스로 중심이 없다면 성공하기 어렵다.
다양한 것을 종합해서 본인에게 맞는 이 세상 하나뿐인 중심을 설정해야 한다.

우리는 타인의 삶에 기생하는 조연과 엑스트라가 아닌, 내 삶의 오롯한 주연배우이다.

내 인생의 주연배우는
나!

당신은 영화 관람을 좋아하는가? 많은 사람이 영화 보는 것을 좋아한다. 다양한 영화를 보면서 현실에서의 피곤함을 잊기도 하고 영화 속 새로운 세상에 빠지기도 한다.

영화에는 반드시 존재하는 것이 있다. 주연이나 조연 등의 배우들이다. 우리의 인생 역시 하나의 영화이다. 말도 안 되는 것 같은 삶을 "영화 같다"라고도 한다. 우리의 인생은 많은 하루들로 연결되어 있다. 그 하루는 인생이라는 영화 속의 한 장면이 될 것이다. 하나의 장면들이 모여 영화가 되듯이 우리 역시 아침부터 저녁까지 매일 다양한 장면을 촬영하고 있다. 탄생의 순간부터 죽음에 이르기까지의 장면들이 모여 한 사람의 인생이라는 영화가 완성된다. 우리가 인생의 주연배우인 것이다.

그런데 우리는 자신이 인생의 주연배우임을 잊고 산다. 그 때문에 대부분 남의 인생에 조연으로 출연해 살고 있다. 내가 주인공이고 주연인데, 자꾸 남의 인생에 조연으로 출연하려고 드는 것이다. 심지어 어떤이는 엑스트라가 되기도 한다. 왜 그럴까? 타인들에게 주연 배우로서의 대접을 못 받아봐서 그렇다. 다른 이들에게 조연, 엑스트라의 대우만 받아보았기 때문이다. 그러다 보니 자신이 주연배우라는 사실을 점점 잊고 그냥 평생을 조연과 엑스트라로 살아가는 것이다.

이 영화는 당신이 주연배우이다. 당신이 없으면 이 영화는 끝나게 된다. 당신은 결코 타인의 삶이라는 영화의 조연, 엑스트라가 아니다.

하지만 많은 이가 왜 스스로를 주연이라고 생각하지 못하는 것일까? 그것은 바로 인생에 중심이 없기 때문이다. 뿌리가 깊은 나무는 세찬바람에도 흔들리지 않는다. 비록 여름이 오면 태풍에 흔들리고 잔가지가 부러지고, 겨울에는 눈이 쌓여 가지가 휘어질지언정 나무 그 자체는부러지지 않는다.

우리 주변에는 큰 나무 같은 사람들이 많지 않다. 많은 이가 중심이없기 때문에 타인에게 영향을 받는다. 그들의 말 한마디에 흔들린다. 그렇게 되면 주연배우가 아닌 남의 인생의 조연, 엑스트라로서의 삶이시작되는 것이다.

나 역시 중심을 잡지 못하고 타인들의 말 한마디에 흔들렸던 적이 있었다. 그중 큰 후회를 한 적이 있었다. 삼성전자에서 현대자동차로 이직한 후 1년이 지난 시점이었다. 이직 후 새로운 용어와 전혀 다른 조직문화 등에 적응하기 위해 최선의 노력을 다했다. 그렇지만 1년이 지나자 이 일을 정말 내가 하고 싶어서 이직한 것인가에 대한 의문이 들기 시작했다. 이것은 일이 힘들고 상사가 어렵고 하는 것과는 전혀 다른 문제였다. 이직을 한 이유가 확실하지 않았다는 생각이 들었고, 그냥 기존의 현실을 도피하기 위해서였다고 느껴졌다. 중심 없이 시작한 이직과, 목적과 목표가 뚜렷하지 않은 인생에 후회가 들었다. 앞으로의 삶에 대한 고민이 되면서 스스로 비참한 마음이 들기 시작했다. 그때 우울증이 내게로 왔다. 현대자동차로 이직하라고 말해줬던 주변 사람들이 괜히 미워지기 시작했다. 그들이 "이직하는 게 더 낫다"라는 말만 안 했더라면 좀 더 내 인생에 대해 진지하게 고민해봤을 텐데, 하는 허망한 생각마저 들었다.

하지만 결국 결단은 내가 내린 것이었고 중심이 없어서 흔들렸다는 사실을 깨닫게 되었다. 그동안 나의 삶은 큰 기둥을 땅에 박은 것 같은 중심이 없었던 것이다. 나는 주연배우가 아니었고, 그저 타인들의 눈치만 보면서 살아온 것이었다. 커다란 나무가 되기 위해 땅속 깊이 뿌리를 내리는 과정도 없었기에 그 뿌리는 상당히 약했다.

그렇다면 어떻게 해야 중심을 잡을 수 있을까? 중심을 잡는다는 것은 단칼로 내리쳐서 바로 시작할 수 있는 것이 아니다. 오늘부터 중심을 잡겠다고 시작하지만 또 흔들리기 때문이다. 이것은 마치 금연과도 유사하다. 그 생각이 들고 다음 날 나는 중심 잡는 연습을 하기 위해 담배를 입에 대지 않았다. 담배를 끊는 방법은 그냥 입에 안 물면 되는 것인데 많은 이가 쉽지 않다고 한다. 물론 나 역시 10년 이상 담배를 피웠기 때문에 끊기가 쉽지 않았다.

『칼의 노래』, 『현의 노래』의 소설가 김훈의 금연 일화는 상당히 유명하다. 그는 지독한 애연가로 평소에도 담배를 달고 살았다. 하루 세 갑도 너끈하게 피웠다. 하지만 그가 금연을 시작한 계기는 너무나 단순했다. 2008년 어느 날 그는 전북 고창 선운사를 찾아가게 된다. 맑은 공기를 마시며 담배를 꺼내 물었는데 멀리서 고승 한 분이 담배 피는 그를 불렀다.

"이놈아, 담배 꺼!"

김훈은 담배를 껐다.

고승은 이어 "이놈아, 담배 끊어라"라고 말했다. 김훈은 "스님, 담배 안 피우셨죠? 담배 끊는 게 그리 쉬운 일이 아닙니다"라고 대답했다. 그러자 고승은 "안 피우면 되는 거지"라고 했다. 집으로 돌아온 김훈은 담배를 피우고 싶을 때마다 "안 피우면 되는 거지"라는 노승의 말씀이 귓가에 울려서 담배를 끊을 수 있었다고 한다.

당신이 스스로 중심만 잡는다면, 당신에 대해 험담하고 칭찬하는 주변 모든 것에서 중심만 잡는다면, 당신은 본인의 인생에서 성공할 수 있을 것이다. 인생에 대해 고민하고 주변에 조언을 구하기 전에 미리 확고한 중심이 있다면 다양한 조언에 흔들리지 않고 결정을 내릴 수 있고 그 결정을 후회하지 않을 수 있을 것이다. 현실과 이상, 현재의 삶과 미래에 대해 고민할 때, 중심을 잡고 잠시 호흡을 가다듬으며 생각한다면 좋은 결론을 낼 수 있을 것이다.

중심은 나로부터 시작되는 것이다. 타인의 말이나 책 혹은 강연에서 하는 이야기는 결국 그들이 찾은 그들의 것이다. 타인의 삶을 똑같이 산다고 성공할 수 있는 것은 아니다. 그들의 삶을 벤치마킹하여 자신의 것으로 만들지 않는다면, 자신 스스로 중심이 없다면 성공하기 어렵다. 다양한 것을 종합해서 본인에게 맞는 이 세상 하나뿐인 중심을 설정해야 한다. 그 과정이 빠르면 빠를수록 남은 삶이 풍요로워질 것이고 인생의 진정한 주연배우로 살아갈 수 있을 것이다.

이 세상은 나로 인해 돌아가는 것이다. 내가 없으면 삶이라는 영화는 끝나게 된다. 우리는 타인의 삶에 기생하는 조연과 엑스트라가 아닌, 내 삶의 오롯한 주연배우이다.

2

회사를
그만두고 싶다?

　　　　　　　　직장인의 80퍼센트 이상이 회사를
그만두고 싶어 한다는 조사 결과가 있었다. 주변 동료들에게 물어보라.
회사를 다니고 싶은 사람이 과연 있는지? 별로 없을 것이다. 그렇기에
평범한 우리는 회사를 가야 하는 주중보다 쉴 수 있는 주말을 더 선호
하는 것이다. 게다가 길게 쉴 수 있는 연휴나 휴가를 손꼽아 기다리면
서 회사생활을 하는 사람이 대부분이다.

　그런데 막상 회사를 그만둔 사람 중에는 다시 회사를 다니고 싶어 하
는 사람이 더 많다. 회사를 그만두고 개인 사업을 하는 선배도 다시 회
사를 다니고 싶어 한다. 안정적으로 나오는 월급이 그립다고 한다. 일
을 해도 안 해도, 잘해도 못해도, 어찌 되었든 나오는 월급의 마력에서

아직까지 벗어나지 못하는 것이다. 어떤 목적과 목표가 있어서 시작한 사업이 아니라 단순히 회사가 싫어서 나갔기 때문일 수도 있다. 아니면 평범하게 지냈던 과거가 그리워서일 수도 있겠다.

명예퇴직을 한 40, 50대 직장인들은 아직 젊고 일할 수 있다는 생각에 다시 회사로 복귀하고 싶어 한다. 특히 그런 선배들은 예전에 자신이 회사를 다니면서 느꼈던 긍지와 자부심을 그리워하는 경우가 많다. 그래서 옛이야기를 하면 시간 가는 줄도 모른 채 자신들의 무용담 같은 활약상을 자랑스럽게 이야기한다.

분명 회사는 우리에게 고마운 존재다. 소속감을 가질 수 있고, 매일 무엇을 할지 고민하지 않아도 된다. 월급이 제때 나오니 적은 금액이라도 만족하며 살 수 있기 때문이다.

그런 기본적인 것 외에 우리는 인지하지 못하지만 회사로부터 많은 것들을 받고 있다. 의료비, 교육비, 보험 혜택, 교육의 기회 등이 그것이다. 만약 당신이 스스로의 길을 걷기 위해 회사를 그만둔다면 그 순간부터 모든 것을 혼자 힘으로 해나가야 한다. 당장 상사와 일, 시간에 끌려다니지 않으니 날아갈 듯한 기분이 들겠지만 곧 다른 것에 끌려다니게 될 것이다. 게다가 결국 사회 속에서 또 다른 상사와 일, 시간에 얽매이게 될 수도 있다.

당장 편하고 싶어서 회사를 그만둔다면 그것은 어리석은 행동이다. 막연한 성공만 보고 도전하는 것은 지양해야 한다. 그리고 본인의 중심에 맞는 선택을 해야 한다. 흔히 '할까 말까 고민하다가 하지 않아서 후회하는 경우가 더 많다'라는 말을 많이 들어보았을 것이다. 그러나 이런 말도 분별해서 수용해야 한다.

하지 않아서 하는 후회는 도전을 하지 않았기 때문에 생긴 것이다. 그렇지만 도전을 해도 생기는 후회도 많다. 다른 사람의 현재 상황만 보고 판단하는 것은 어리석은 짓이다. 누가 "회사 그만두고 사업을 하는데 돈을 많이 번다고 한다. 커피숍을 하는데 너무 편하고 좋아 보인다"라고 한다. 지인 중 한 명은 "지금 하지 않으면 안 될 것 같아서 커피숍을 열었다"라고 말했다. 나 역시 커피숍을 해보고 싶었던 적이 있다. 편해 보이고 돈을 잘 버는 것 같아서였다. 그러던 어느 날 신문에서 어느 기사를 보고 그런 마음을 접었다. 서울 서초구에만 커피숍이 약 750개 있다는 내용이었다. 커피숍이 아니지만 커피를 판매하는 곳까지 합하면 그 수는 더 많을 것이다.

선택을 했는데 잘못되면 후회가 생기게 마련이다. 그리고 어떤 선택은 다시 일어날 수 없을 정도로 사람을 무너뜨리기도 한다. 사업에 실패하고 다시 재기하지 못하는 이가 얼마나 많은가? 과연 이런 상황을 보고도 도전하지 않은 것에 대해 후회하겠는가?

그 사람과 나는 다르다? 과연 무엇이 그렇게 다를까? 우리가 생각하고 있는 것보다 우리는 더 많은 오류를 갖고 판단한다. 그 오류들 중 스스로를 과신하는 것은 판단에서 아주 큰 문제를 일으키곤 한다.

그 외에도 회사를 그만두고 싶을 때 다시 한 번 생각해야 하는 것들이 있다. 다음의 다섯 가지에 대해 다시 한 번 판단해보면서 스스로의 인생을 개척해나가는 방법에 대해 생각해보자.

　① 나는 스스로를 과신하고 있다.

　② 나는 절박하다.

　③ 회사는 학교이다.

　④ 변화를 위한 나만의 시간이 필요하다.

　⑤ 나의 선택은 실패할 수 있다.

나는 스스로를
과신하고 있다

얼마 전 아내와 다투었다. 사소한 일로 시작된 부부싸움이었다. 발단은 내가 퇴근 후 집안을 지저분하게 하고 야식을 먹고는 치우지 않은 채 자버린 것이었다. 내 입장에서는 평상시에는 아무렇지 않게 넘어가던 일이었는데 왜 갑자기 화를 내나 싶었다. 우리는 서로 기분이 상했고 날카로운 말들로 서로에게 상처를 내기 시작했다.

잠시 후 아내에게 미안하다고 말하며 무엇 때문에 싸우게 되었는지에 대해 대화하기 시작했다. 착한 아내가 화낸 것은 단지 집이 지저분한 것 때문이 아니었다. 며칠 후 장인어른, 장모님이 아기를 보러 오시는 것이 이유였다. 오시면 좋지만 무엇을 어떻게 준비해야 할지가 걱정이었던 것이다. 워킹맘인 아내에게는 시간적 여유가 없었다.

다툼의 발단은 청소와 설거지인 것 같지만 실제로 그것이 문제는 아니었다. 괜히 다른 문제 때문에 속상한 아내의 마음도 잘 몰라주어 미안했다. 이렇듯 문제는 아내의 불편한 마음을 알아채지 못한 나에게 있었다. 문제는 다른 것으로 보일 수 있다. 그리고 본인의 문제를 처음부터 명확하게 말하는 사람은 그리 많지 않다. 만약 기존에 어떤 문제로 인해 좋지 않은 기억이 있다면 더욱 그러할 것이다.

그렇다면 어떻게 해야 할까? 누군가와 대화할 때 상대방의 말을 잘 듣거나, 행동을 자세히 살펴봐야 한다. 그리고 추가로 몇 가지 질문을 던져보면 핵심을 파악할 수 있다. 그리고 이런 질문을 하기 전에 충분히 애기를 나눠보는 것은 필수다.

"진짜 그게 문제야? 다른 것도 있는 거 아냐? 평소와는 좀 다른 것 같은데? 이런 것 때문에 화내는 게 좀 이상한데?"

이 일을 계기로 문제의 본질에 대해 생각해보게 되었다. 우리는 문제의 본질을 잘 파악하지 못한다. 그것은 찾기 어렵기도 하다. 당신은 지금 회사에서 너무 힘들다. 회사 업무가 행복하지 않다. 다른 것을 하고 싶다, 라고 생각하고, 다른 것은 정말 잘할 수 있을 것 같다. 지금 하고 있는 이 일만 아니면 될 것 같다. 과연 정말 그럴까?

우리는 자신이 옳다고 생각하면 그것만 보는 경향이 있다. 이것을 자기 과신이라고 한다. 분명 다른 좋은 대안이 있음에도 불구하고 다른 것이 보이지 않는 것이다. 그래서 어떤 문제점에 대해 자신이 생각한

대로만 결론을 지어버리는 경우가 많다. 너무 쉽게 미래를 예측하고 본인이 생각한 대로 긍정적으로 결론을 내린다는 것이다. 물론 긍정의 힘은 엄청나다. 그렇지만 우리가 예측하지 못하는 변수들은 항상 생각도 못한 방법으로 우리를 괴롭힌다.

자기 과신의 오류는 확증편향으로 연결되기도 한다. 확증편향은 정보를 수집하고 판단할 때 생기는 무서운 현상이다. 이미 본인이 다 준비해놓고 마음을 결정했으면서 주변 사람들에게 물어보는 것이다. 예를 들어 당신은 새 자동차를 사고 싶다. 그리고 이미 어떤 차를 살 것인지 마음속으로 결정했다. 주변 사람들에게 어떤 차가 좋은지 물어본다. 하지만 그 이유는 본인이 사고 싶은 것을 정당화할 근거를 찾기 위해서일 뿐이다. 무엇인가 사실로 믿고 싶을 때 다양한 근거 중에서 믿고 싶은 근거에만 집중하는 것이다. 그 후 스스로 옳은 결론을 내렸다고 믿는 것이다.

이직할 때의 내가 그랬다. 지금 이곳이 아닌 다른 곳으로 가면 뭐든 잘될 것 같고 다 잘해낼 수 있을 것만 같았다. 많은 동료, 지인, 친구들에게 어떻게 해야 하는지 물었지만 이미 마음속에서는 이직을 확정짓고 있었다. 그냥 나의 생각이 옳다는 결론을 갖고 물어봤던 것이다. 그리고 대부분의 사람은 새로운 곳으로 가라고 이야기해주었다. 그들 역시 현재의 삶이 싫었던 것이다.

새로운 시작, 얼마나 가슴 떨리는가? 하지만 지금 돌이켜 생각해보면 나는 그들에게 답을 구하며 질문했을 때 이직의 좋은 점만 이야기한 것 같다. 단편적인 정보를 갖고 잘 알지도 못하면서 확신에 찬 긍정으로 스스로 세뇌하여 믿고 있었던 것이다.

그렇다면 본인이 지금 생각하는 것들이 자기 확신과 확증편향에 속하는지 아닌지는 어떻게 알 수 있을까? 혹시 본인이 하고 싶은 일, 좋아하는 일을 찾았다고 생각하는 것이 자기 확신은 아닐까? 스스로 과신하고 있는 것은 아닐까? 방법은 다음과 같다.

첫째, 비판적으로 사고한다.

'당장 현실이 힘들어서 문제의 본질을 보지 못하고 이미 스스로 결론을 내버리는 것은 아닐까?'라고 비판적으로 보아야 한다. 우리가 할 수 있는 선택은 생각보다 더욱 다양한 경우가 많다.

둘째, 다른 것도 돌아본다.

기존의 선택에 대해서만 집중하는 것이 아니라 제외되었던 것들도 다시 한 번 생각해보아야 한다.

셋째, 흑백이 아닌 회색의 시각으로 본다.

이것 아니면 저것이라는 생각이 아니라, 이것과 저것을 같이 보는 생각도 해봐야 한다.

넷째, 남들도 똑같음을 염두에 둔다.

역사적으로 기원전부터 인류는 책을 만들기 시작했다. 이집트에서는 파피루스를 이용해 책을 만들었고, 아시아와 유럽에서는 가죽에다 글을 쓰기도 했다. 그러던 중에 15세기 활자 기술의 발달로 책이 급격하게 퍼지기 시작했다. 최소 500년 이상 책이 만들어진 것이다.

나와 똑같은 고민을 한 사람도 전 세계에 엄청나게 많을 것이다. 당신이 하고 있는 고민은 분명 누군가가 했다. 그렇기 때문에 비슷한 고민의 사례를 폭넓게 찾아볼 수 있다.

4

나는
절박하다

　　고(故) 구본형 작가는 『익숙한 것과
의 결별』에서 '매여 있던 일상으로부터 끈을 끊고 만끽한 자유는 피 냄
새가 난다'라고 했다. 많은 사람이 일상이 주는 평화와 익숙함을 좋아
하기 때문이다. 그것을 뿌리치고 스스로의 목에 사슬을 채우지 않기 위
해서 노력한 결과가 바로 피 냄새라는 생각이 들었다.

　　당신은 성공하고 싶은가? 그렇다면 과연 당신이 생각하는 성공은 무
엇인가? 왜 성공하고 싶은가? 그리고 어떻게 하면 성공할 수 있는지 알
고 있는가?

　　무능하다는 이유로 방송국에서 짤린 한 진행자가 만든 프로젝트가

있었다. '나처럼 미래가 안 보여 절망하는 사람들에게 길을 안내하는 프로그램을 만들어보자'라는 것이 켄 콜먼의 첫 결심이었다. 그는 절박했다. 그는 현대인들이 안고 있는 고민들에 대해 각 아이템마다 가장 잘 대답해줄 전문가를 찾아가기로 했다. 그들에게 '단 하나의 질문'을 던져 조금 더 손쉬운 해답을 찾아보고 싶었던 것이다. 그는 이 아이디어를 실현했고, 이 프로젝트는 미국 팟캐스트 1위에 뽑혔다. 그 후 인기 라디오 프로그램이 되었고 그는 이 내용을 책으로 출간했다. 그 책의 제목은 『원 퀘스천, 내 인생을 바꾸는 한 가지 질문』이다. 현재 당신이 갖고 있는 틀을 깨뜨리는 진지한 질문들을 통해 인생을 통찰하는 지혜를 주는 책이다.

켄은 절박했다. 그는 무엇인가 찾고 싶었다. 그렇기 때문에 노력한 것이고 해답을 찾을 수 있었다.

당신은 스스로를 개척하고 싶을 정도로 절박한가? 절박함이란 무엇일까? 절박함은 간절함과 비슷한 것일까? 간절함은 무엇인가를 바라는 마음이다. 하지만 절박함은 간절함을 뛰어넘어 스스로 행동을 이끌어내는 것이다. 절박하기 때문에 무엇인가 행동해야만 하는 것이다. 그리고 절박함은 시간이 없다는 생각을 동반한다. 언제까지 무엇을 완성해야 한다는 끝을 갖고 있다. 본인의 묘비명을 쓰는 것, 유서를 써보는 것도 마찬가지다. 절박함을 갖고 인생을 다시 한 번 열심히 살아보라는 개념인 것이다.

역사적으로 절박함을 갖고 성공한 인물들은 많다. 그중 윈스턴 처칠,

이순신 장군의 사례를 간단하게 들어보자.

윈스턴 처칠은 몇 년 전 영국 BBC 방송국 주관으로 영국인이 가장 존경하는 인물 1위에 뽑히기도 했다. 그는 제2차 세계대전 때 수상이 되었다. 당시 나치 독일은 엄청난 무기로 프랑스를 공격했다. 1936년 프랑스는 독일과의 국경에 마지노 요새를 쌓았고 벙커 형태로 만들어 절대 독일군이 넘을 수 없도록 하였다. 그러나 독일은 벨기에를 함락한 후 프랑스로 우회하는 전술을 택했고 마지노선은 쓸모없게 되었다. 프랑스는 함락되었다. 온 유럽에서 오직 영국만이 홀로 독일과 전투해야 하는 최악의 상황이 된 것이다.

처칠은 취임 후 연설대에서 호소했다.

"적군이 영국 본토로 쳐들어오면 온 국민이 싸우고, 안 되면 캐나다로 정부를 옮겨 계속 싸울 것입니다. 저는 피, 수고, 눈물 그리고 땀밖에 드릴 게 없습니다. 승리 없이는 생존도 없기에 목표는 승리뿐입니다. 승리냐, 패배냐, 이 둘 중에 우리는 하나를 택할 겁니다."

처칠은 승리해야만 했다. 그는 절박했다.

1597년 9월 16일, 수많은 적선이 공격을 하러 오고 있었다. 일본 함선은 무려 333척, 이순신이 지휘하는 조선 수군의 함선은 고작 13척이었다. 일본 함선이 공격해오자 조선 함선은 후퇴하기 시작했다. 달아나는 조선군을 본 일본군들의 사기는 하늘을 찔렀고 전속력으로 돌진하기 시작했다. 그러나 기세 좋게 돌진하던 일본 함선이 커다란 소리와 함께 쓰러지기 시작했다. 조선 수군이 바닷속에 설치해둔 쇠사슬에 배가 걸린 것이었다. 일본군의 전열은 흐트러지기 시작했다. 이때를 노린 조선 수군들은 총공격을 시작했고, 갑자기 바뀐 조류로 일본 함선은 더 큰 혼란을 겪게 되었다. 이것이 13척으로 333척을 물리친 이순신 장군의 명량해전이다. 엄청난 준비와 사전계획으로 성공할 수 있었던 전투였다.

이순신은 조류가 바뀌는 한 시간을 미리 계획에 넣었다. 조선 수군은 그 한 시간을 어떻게든 버텨야 했다. 그는 참전 전 "병법에 '죽고자 하면 살고, 살고자 하면 죽는다' 했다. 너희는 살려고 생각하지 말라. 조금이라도 명령을 어기면 군법에 처하겠다"라고 말했다. 그는 절박했다. 반드시 이겨야만 했다.

윈스턴 처칠과 이순신 장군, 그들은 절박했다. 반드시 이겨야만 했다. 과연 우리는 절박한가? 학창 시절 우리는 절박한 경험을 최소 한 번씩은 해보았을 것이다. 시험 보기 전이나 면접 보기 전, 어떤 대회에 나가기 전이 그 예이다. 그중 다음 날이 시험인데 공부를 다 하지 못해서 벼락치기 한 경험은 누구나 있다. 물론 벼락치기가 좋은 방법은 아니지만 오늘만 공부할 수 있다는 절박한 심정 때문에 저절로 몰입이 되곤 한다. 거듭 말하지만 벼락치기는 결코 좋은 방법이 아니다. 그렇지만 몰입 측면에서는 시간 대비 효율이 높은 방법임에는 틀림없다.

절박하면 열심히 하게 되고 몰입하게 된다. 열심히 하고 몰입하면 성공에 대해 간절해진다. 계속적인 성공에 대한 선순환이 나타나는 것이다.

그런데 절박함은 평상시에 잘 나타나지 않는다. 진정으로 힘들거나 위기 상황이 왔을 때만 느낄 수 있다. 만약 당신이 절박함을 느낀다면 축하한다. 그것은 위기 상황이 왔지만 동시의 기회가 온 것이기 때문이다.

만약 절박함을 느끼지 못한다면 아직 스스로 개척할 준비가 되지 않은 것이다. 스스로 절박하게 만들거나 주변에서 절박한 상황이 될 때까지 열심히 최선을 다해 회사생활에 임하면 된다. 그 방법은 다음 장에 나온다.

5

회사는
학교다

학창 시절 당신에게 학교란 어떤 곳이었는가? 그곳은 누군가에게는 즐겁고 행복한 기억으로, 되돌아가고 싶은 곳일 것이다. 또 다른 누군가에게는 결코 되돌아가고 싶지 않을 만큼 고통스러운 장소일 수도 있다.

사람마다 학교에 대한 추억이 전혀 다를 것이다. 그렇지만 대부분 직장인들이 되돌아가고 싶은 곳은 학교이다. 그중에서도 즐거웠던 추억이 많았던 곳은 대학교일 것이다. 상사들 역시 가끔 회사를 그만두고 공부하러 가는 후배들의 모습을 보면 부럽다고 한다. 돈이 있다면, 가정이 없었다면, 정말 하고 싶은 것만 알았어도 도전해볼 텐데 아쉽다, 라며 떠나는 후배에게 조언을 해준다. 또는 "회사 나가봐야 다 똑같다.

어렵게 들어온 회사인데 아깝지 않냐?"라며 현실적인 말도 한다. 30대는 학문에 대한 열의보다 직장에서의 도피처로 학교를 많이 선택하기 때문이다.

그렇다면 30대 직장인들은 왜 학교에 가고 싶은 걸까? 본인이 배우고 싶은 것을 공부할 수도 있고, 아직 젊으니 미래를 위한 또 다른 투자를 한다는 생각 때문일 것이다. 나를 위한 공부라는 생각인 것이다. 그런데 정말 학교만 가면 문제가 해결될까? 잠시 현실을 회피하고 싶어 택한 길은 아닐까? 그렇다면 굳이 공부를 해야 할까? 아니면 지금과 다른 분야에서 일하고 싶어서 학교에 간 것일까?

새로운 것을 배우고 싶고 전혀 다른 분야로 진출하기 위해서 하는 공부는 어쩔 수 없다. 회사에서 배울 수 없기 때문이다. 하지만 그런 것이 아니라 현실 회피라면 곰곰이 다시 생각해보아야 한다. 공부를 더 해도 다시 회사에 취업해야 하는 악순환이 생기기 때문이다. 꾸역꾸역 억지로 먹는 맨밥처럼 다시 다니기 싫은 회사에서 근무해야 하기 때문이다.

당장 회사를 그만두는 것이 아니라 당분간 본인이 원하는 분야나 일이 생길 때까지 회사를 학교라 여기고 다녀보자. 당장 참고 견디는 것이 힘들겠지만 노력하는 것이다. 회사를 그만둘 때 나에게 과연 남는 것이 무엇인지를 생각하고 노트에 기록해보자. 회사라는 인생학교에서 반을 옮기거나 전학을 가거나 자퇴를 하기 전에 좀 더 생각해보자는 것이다.

그렇다면 학교와 회사의 공통점과 차이점은 무엇일까? 우선 공통점에 대해서 살펴보자.

첫째, 반드시 매일 가야 한다. 비가 오나 눈이 오나 매일 가야 하는 곳이다. 물론 아프거나 사정이 생기면 빠질 수도 있지만 기본적으로는 매일 가야 한다.

둘째, 시간이 정해져 있다. 그래서 최소한 그 시간을 채워야 나갈 수 있다. 집에 가고 싶다고, 일이 있다고 마음대로 나갈 수 없다. 최소한 담임선생님이나 상사에게 말을 해야 나갈 수 있다.

셋째, 소속감과 자부심을 가질 수 있다. 어느 학교에 다닌다, 어떤 회사에 다닌다는 것만으로 소속감을 갖고 자부심을 느낄 수도 있다.

넷째, 억지로 해야 하는 경우도 있다. 선생님이 혼내기 때문에 억지로 해야 하는 경우도 있다. 회사 역시 상사가 화를 내기 때문에 하기 싫지만 해야 할 때도 있다.

다섯째, 배우는 곳이다. 학교에서는 삶의 철학과 인생을 살기 위한 기본 지식들을 배우고, 회사에서는 프로정신과 돈 버는 것의 힘듦을 배운다.

그다음으로는 학교와 회사의 차이점이다.

첫째, 돈을 내고 다니느냐, 받고 다니느냐다. 학교는 돈을 내고 다니고, 회사는 돈을 받고 다닌다. 이 차이가 가장 크다. 돈을 내고 다니면 하기 싫으면 안 해도 된다. 하지만 돈을 받고 다니면 하기 싫어도 해야만 한다.

둘째, 학교는 미래의 자신을 위한 곳이지만, 회사는 현재의 자신을 위한 곳이다. 본인이 원하는 것을 하거나 얻기 위해 학교에서 공부한다. 이것은 미래의 자신을 위한 것이다. 하지만 회사는 현재 월급을 위해서 일하는 경우가 많다. 이것은 현재의 자신을 위한 것이다.

셋째, 인간관계가 상이하다. 학교에서는 사이가 안 좋으면 친하게 지내지 않아도 된다. 하지만 회사는 사이가 좋지 않으면 불편하게 지낼 수밖에 없는 구조다. 특히, 부하 직원의 경우 상사와 불편하게 지내면 자신만 손해를 입는다.

넷째, 계속 배우거나 더 이상 배우지 않는다. 이것은 학교와 회사의 가장 큰 차이점이다. 학교를 다니면 학년이 올라가고, 상급 학교에 진학할수록 배우는 과정들이 변경된다. 학교에 다니는 한 계속 배워야 한다. 물론 배우지 않는 학생들도 있지만 그 수는 많지 않다. 대부분 좋든 싫든 학습을 하고, 수업을 듣고, 시험을 본다.

그러나 회사를 다니면 배우는 속도는 점차 느려진다. 처음 입사한 신입 사원 때부터 조금씩 업무를 주체적으로 할 수 있는 대리 시절까지 업무를 가장 많이 배운다. 그 이후가 되면 무엇인가를 배우는 것보다는 기존에 이미 알고 있는 지식으로 업무를 처리하는 경우가 많다. 업무가 익숙하기에 혹은 시간적 여유가 전혀 없어서 새로운 것에 대한 배움을 등한시하는 경우도 있다.

'샐러던트'라는 말이 나온 지 이미 10년이 지났다. 회사가 더 이상 자신을 돌봐주지 않는다는 사실을 깨달은 직장인들이 주경야독을 하는 것이다. 공부를 해야 한다는 사회적 환경도 한몫한다. 주변에서는 무엇인가 다 하고 있는데 나만 안 하면 뒤처지는 것 같은 생각이 든다. 이때 맹목적인 자기계발보다는 지금 하고 있는 일에서 좀 더 자신의 무기를 만드는 것이 가장 좋다.

그런데 많은 직장인이 그것보다는 다른 분야에 관심을 갖는다. 다른 분야에 관심을 갖는 것도 물론 잘못된 것은 아니다. 회사를 다니면서 배우는 것은 힘들기도 하지만 월급을 받아서 사용하는 것이기에 본인에게 떳떳하다. 만약 당신이 결혼을 했다면 아이들에게도 부모가 열심히 생활하는 모습을 보여주는 본보기가 될 것이다.

회사가 학교라는 마음을 가지고 매일 생활한다면 어떨까? 배울 것이 정말 많고, 예전과 다른 시각을 가질 수 있다. 동료들의 일하는 방식도 배울 수 있고, 상사를 대하면서 배울 수도 있다. 동료의 보고서 스킬도 배울 수 있고, 내 돈 안 내고 먹을 수 있는 회식 장소에서 고객들을 접대하는 종업원의 태도와 음식을 준비하는 성의 등을 보고 배울 수 있다.

지금 힘들다면 회사를 다니는 이유를 돈을 벌기 위해서가 아니라 인생을 배우기 위해서라고 생각해보자. 회사를 다니고 있는 것이 아니라 돈을 받고 학교를 다니고 있다고 생각하는 것이다. 물론 삼성전자와 현대자동차의 임원들에게 이 말을 처음 들었을 때는 나 역시 상당히 거북스러웠다. 역시 "임원들이니까, 돈 많이 받으니까 당연한 것이 아니냐?" 하며 동료들과 수군거리기도 했었다. 그 이유는 '회사에서 돈도 주고,

일도 가르쳐주고, 밥도 주고, 얼마나 좋으냐! 그러니까 열심히 일해라. 나는 회사 오는 게 너무 재밌다. 너희는 안 그러냐?'라는 강요된 느낌을 받았기 때문이다.

갑자기 찾아온 우울증 때문에 힘들던 시절, 날마다 학교 가는 마음으로 회사에 출근하자는 생각을 갖게 되었다. 매일 하나만 배워가자는 마음으로 출근하였다. 타인들의 시선과 나에 대한 평가는 신경 쓰지 않았다. 아니, 내 마음이 너무 아파서 신경 쓸 겨를도 없었다. 그때부터 출근해서 일할 동안에 느끼거나 배우는 것을 수첩에 적고 그것을 정리하는 습관을 갖게 되었다. 그때부터 주변 사람들을 살펴보게 되고, 회사 안에 존재하고 있는 사람들에게 시선이 가기 시작했다.

업무를 배우는 것도 중요하지만 업무 외에 회사 시스템이 움직이는 것과 사람들이 일하는 방식 등 다양한 것을 배우려 하니 배울 것들이 눈에 보였다. 이 책 역시 그때 적었던 기록들을 바탕으로 한 것이다.

회사 가는 것을 좋아하고 즐겁게 일하는 사람을 찾기란 쉽지 않다. 대부분 회사가 쉬는 날만을 기다리거나, 매일 시간과 돈을 바꾸는 일을 하고, 퇴근 시간만 기다린다. 또는 상사들이 출장 가면 방학이라고 부르며 그날만을 기다린다. 나 역시 그랬고 회사에 속해 있는 지금도 그런 경향이 있다. 하지만 기존과 다른 것은 매일 학교에 하나만 배우러 간다는 마음을 1년 이상 유지하고 있으며 또한 매일 기록한다는 것이다.

이는 어려운 일이 아니다. 간단한 것부터 실천해보면 된다. 오늘은 무엇을 배울까? 출근해서 퇴근 때까지 하나만 배우면 된다. 일이든 교훈이든 관계없다. 어렵지 않다. 예전에 배워서 적은 것 같아도 괜찮다. 그때의 당신과 지금의 당신이 다르기 때문이다. 이렇게 매일 하나씩 배우고 기록하면 일주일에 다섯 개를 배우고 한 달이면 20개를 배운다. 인생을 어떻게 살아야 하고, 도전하려고 하는데 무엇을 어떻게 해야 할지 모르겠고, 그럼에도 해결책을 찾고 싶다면 이 방법이 꽤 도움될 것이다.

지금 당장 힘들어도 향후 하고 싶은 일을 위해 시스템과 매니지먼트를 배우자. 회사가 운영되는 시스템을 배우면 훗날 어떤 일을 하더라도 조금 더 쉽게 시작할 수 있다. 사업을 시작하거나, 1인 기업가로 나아가거나, 다른 회사로 이직하게 되더라도 전에 있었던 회사에서의 경험은 큰 도움이 될 것이다.

6

변화를 위한

나만의 시간이 필요하다

"우리는 어려운 문제를 푸는 방법을
배우지 못했다. 우리가 배운 것은 결국 어려운 문제를 피하는 방법
이다."

워런 버핏의 말이다. 그의 말은 무조건 문제를 피하는 것이 아니라,
해결할 수 없는 어려운 문제 대신 다른 해결책에 접근하라는 의미일 것
이다.

지금 있는 방법대로 살아가면 결코 변할 수 없다. 변화를 위해서는
나만의 시간이 필요하다. 지금까지 우리는 상사와 일 그리고 시간에 끌
려다녔다. 그렇지만 이제 상사와 일 그리고 시간을 관리할 방법을 알게
되었다. 그렇다면 이제부터는 예전보다 조금 더 생긴 시간을 활용해서

나에게 투자하는 것이다.

변화를 위해서 중요한 것은 세 가지다. 나만의 시간, 나만의 장소, 전문가를 만나는 것이다.

첫째, 나만의 시간이다.

무엇인가를 바꾼다는 것은 결코 쉽지 않은 문제이다. 관성에 의해서 익숙한 삶을 살고 있는데 그 삶을 바꾸려 하면 여기저기서 불협화음이 발생하게 마련이다. 그렇지만 이미 변화하기로 마음먹었다면 나만의 시간이 필요하다. 시간이 많으면 좋지만 하루에 최소 두 시간은 나만을 위해 사용해야 한다. 한 시간은 현재의 나를 위해, 한 시간은 미래의 나를 위해 투자하는 것이다. 직장인들은 주로 출퇴근 시간을 이용하면 좋다. 어떻게 시간을 만들어도 좋다. 그 시간만은 반드시 당신 것이어야 한다.

나는 출근 전 30분, 출근 시 30분, 점심시간 한 시간, 저녁 퇴근 후 한 시간을 이용하고 있다. 최소 이렇게 세 시간은 반드시 나의 것으로 사용하고 있다. 이 시간 동안 현재와 미래의 나를 위한 독서와 글쓰기를 하고 있다. 차 안에서는 스마트폰으로 이북(e-book)을 활용하면 좀 더 쉽게 책을 읽을 수 있다. 회사 일과 가정 일 때문에 바쁘다고? 전혀 시간이 없다고? 그렇게 생활하면서 변화를 원한다면 결코 방법이 없다. 그냥 익숙한 현재의 삶을 살아야 한다. 나를 위한 시간이 없는데 어떻게 바뀔 수 있겠는가?

나를 위한 시간은 단순히 쉬면서 텔레비전 보고 노는 게 아니다. 그것은 나 자신의 평생 밥벌이를 찾기 위해 준비하는 시간이다. 관심 있는 분야에 대한 공부, 글쓰기, 책 보기, 사람 만나기, 강연 듣기 등이 해당된다. 많이 배워야 하는 것이다. 하지만 나중에는 타인들의 이야기가 아닌 본인만의 스토리를 만들어내는 작업이 반드시 필요하다. 그리고 그 과정이 완료되거나 나가도 되겠다는 자신감이 생겼을 때 미련 없이 떠나면 된다. 진정한 밥벌이를 가지고 평생 즐겁게 하고 싶은 일을 잘하며 생활할 수 있게 되는 것이다. 물론 회사 다닐 때보다 더욱 절박한 시간들이 당신을 기다리고 있겠지만 아마 잘 헤쳐나갈 것이다. 그것을 위해 이미 준비를 해온 것 아닌가?

둘째, 나만의 장소이다.

『나는 아내와의 결혼을 후회한다』, 『노는 만큼 성공한다』 등의 베스트셀러를 낸 '여러가지문제연구소장' 김정운 교수의 강의를 듣다가 정말 뜨끔한 기분이 들었다. 조용한 곳에서 본인과 나누는 진지한 대화에 대한 것이었다. 우리는 갑자기 혼자서 씩씩거리며 욕을 하거나 힘들다는 말을 할 때가 있다. 지친 표정으로 멍하니 모니터 등을 바라볼 때도 있다. 김정운 교수는 그때가 바로 자기와의 대화가 필요한 시간이라고 했다.

그 역시 그런 순간이 온다고 했다. 그럴 때 그는 벤치에 홀로 앉아서 무엇이 문제인지 자신과 조용히 대화를 나눈다고 했다. "무엇이 문제이니? 왜 욕을 하고, 마음이 답답한 거니? 무엇이 힘들고 잘 안 되니?" 하는 조금 부끄럽게 느껴지는 대화를 하면서 "그래 지금 너는 잘하고 있어.

걱정 너무 많이 하지 마. 나는 너를 사랑한단다" 하는 식으로 대화를 이어가는 것이다. 누가 보면 좀 이상할 수도 있으리라. 아무도 없는 벤치에서 혼자 중얼거리는 모습이란 좀 당황스럽게 느껴질 수 있다.

하지만 이 방법은 정말 효과가 있었다. 단, 조용한 곳을 찾아야 한다. 예전 독일로 여행을 갔을 때 산책하는 많은 독일인을 만날 수 있었다. 그때 왜 독일이 괴테, 칸트, 헤겔, 쇼펜하우어 등 유명한 철학자들이 많이 나왔는지 알 수 있었다. 조용한 욕조에서 목욕을 하던 아르키메데스가 왜 유레카를 외쳤는지도 이해가 된다.

우리는 하루 종일 시끄러운 회사에서, 사무실에서, 심지어 퇴근길에서도, 집에 가서도 조용한 환경이 거의 없다. 조용한 산에 가도 사람들로 붐벼서 시끄럽고, 동네 길을 걸어도 시끄럽기만 하다.

자신만의 조용한 곳을 찾아라. 그리고 조용히 자기와의 대화를 해봐야 한다. 그런 장소는 주변에 많이 있다. 단지 당신이 지금까지는 생각을 해보지 않아서 찾지 못했을 뿐이다.

셋째, 진짜 전문가를 만나야 한다.

우리는 몸이 아프면 몸 전문가인 의사를 찾아 병원에 가고, 마음이 아프면 마음 치료 전문가인 종교인 혹은 심리 상담사를 찾는다. 너무 많이 아프거나 증세가 심각하면 더 큰 병원, 최고의 병원으로 가서 대기하면서 진료를 기다린다.

그런데 본인이 하고 싶은 일이나 변화를 찾기 위해서 당신은 누구를 찾는가? 우리가 묻고 답을 바라는 그들이 그 분야의 진정한 전문가인가? 나의 아픈 몸과 마음을 시원하게 낫게 해줄 수 있는가? 혹시 그들은 당신처럼 회사원인 주변 친구, 선배, 상사 아닌가? 그들 역시 본인들의 꿈보다는 당장 생활에 바쁜 사람들인데 왜 그들에게 변화를 묻는 것일까? 그들이 나에 대해 많이 알고 있다고 생각해서인가? 아니면 전문가가 누구인지 몰라서인가?

전문가를 찾는 방법은 앞선 '닮고 싶은 멘토를 찾아라'에서 설명했다. 요즘은 다양한 방법으로 전문가를 찾을 수 있는 시대이다. 전문가가 아닌 사람들에게 물어보고 해답을 얻었다고 좋아하면 안 된다. 물론 전문가가 아니지만 전문가 정도의 지식을 갖춘 사람도 많다. 그런데 대부분 직장인이 조언을 구하는 사람은 나보다 인생 경험을 조금 더 한 상사, 부모님, 친척 등이거나 동료, 동기 정도에 불과하다.

오마에 겐이치는 변화를 위해서는 새로운 사람을 만나야 한다고 했다. 새로운 사람이 당신의 전문가가 될 수도 있는 것이다. 그리고 전문가도 한 명이 아니라 다양하게 만나봐야 한다. 그들 역시 확증편향을 가졌을 수 있기 때문이다.

인생을 변화시키고 싶으면 자신이 먼저 변해야 한다. 현재의 현실이 싫고 힘들면 현실을 돌파하여 변화시키거나 아니면 자기 스스로 변해야 한다.

하지만 현실의 삶을 바꾼다는 것은 쉽지 않다. 대부분 직장 일이 가장 힘들 것인데 자신도 잘 바뀌지 않으면서 타인과 조직을 본인이 원하는 대로 변화시킬 수 있을까? 물론 가능할 수 있다. 같은 생각을 하는 사람들이 모여서 작은 변화들이 생기게 되고, 그것이 확대되면 결국 큰 변화가 이루어질 수도 있다. 이것을 혁명이라 부를 수 있을 텐데, 프랑스대혁명, 광주학생운동, 3.1운동, 반전운동 등 역사상에서 많이 볼 수 있었다. 그러나 자기 혼자만 하기에는 힘들고 돕는 자들이 없을 경우에는 정말 힘들고 오래 걸릴 수밖에 없다.

회사를 변화시키는 것보다는 자신의 현재 고민을 타파하고 싶을 뿐일 경우에는 다음 방법으로 해결해보자. 우선 힘든 점이 무엇인지 알아보고 그것을 제거하는 방법이 그나마 가장 쉬운 일차적인 변화 방법이다. 각자 문젯거리를 적어보고 고민거리를 하나씩 제거할 방법을 찾아봐야 한다.

7

나의 선택은
실패할 수 있다

현실 세계가 진짜가 아닌 것 같다는 생각을 하는 레오. 그는 필연적으로 눈에 보이지 않는 실제 현실을 알게 되는 기회를 맞이한다. 그는 모피어스라는 인물로부터 두 개의 알약 중 하나를 선택하라는 말을 듣는다. 빨간색 알약과 파란색 알약이다. 파란색 알약을 선택하면 그냥 현재의 삶을 살게 되고, 빨간색 알약을 선택한다면 보이지 않는 진실을 알게 된다.

전 세계적으로 엄청난 반향을 일으킨 워쇼스키 남매의 영화 〈매트릭스〉에 나오는 내용이다. 우리가 지금 보고 있는 것이 전부일까? 그리고 우리가 선택한 것이 정말 맞는 것일까? 답을 옳게 선택한 것일까? 파란색 알약을 선택하고 싶었는데 빨간색 알약을 잘못 택한 것은 아닐까?

얼마 전 늦은 퇴근을 하면서 이미 문 닫은 상점들로 가득 차 있는 지하상가를 걸은 적이 있었다. 12시가 넘어서 걸어본 적이 없었던 지하상가에서 나는 다름을 느꼈다. 그곳에는 대낮 손님들로 붐비는 분주함과는 다른 공허함이 있었다. 그리고 그곳에는 사람들이 있었다. 왜 그곳에서 잠을 청하고 있는지 모를 사람들이 불편하게 움츠린 채 눕거나 앉아 있었다. 그곳은 내가 퇴근 후 또는 주말에 아내와 자주 가는 곳이었기에 평소와 전혀 다른 광경이 낯설었다. 이것은 내가 기억하던 모습에 가려져 있던 또 하나의 실체였던 것이다. 우리가 보고 있는 모습들이 전부는 아닌 것이다. 그 모습 속에 우리가 보지 못한 것들이 가려져 있는 것이다.

보이지 않는 것을 향해 나가기에는 두려운 것이 너무 많다. 혹시 모를 실패에 대한 두려움 또한 크다. 실패에 대한 두려움이 크기 때문에 도전하지 못하는 경우도 많다. 거듭되는 실패를 겪을 때 사회가 우리를 보는 시선이 걱정되어 다시 시작하지 못하는 경우도 많다. 그리고 실패를 미리 걱정하는 것은 괜한 기우라면서 실패에 대한 준비를 하지 않고 도전하기도 한다. 하지만 성공이 있듯이 반드시 실패는 존재한다. 긍정적인 마음으로 도전하는 것은 좋으나 그전에 실패에 대한 준비는 어느 정도 필요하다. 이 세상에는 예기치 않았던 피치 못할 사정들이 많이 생길 수 있기 때문이다.

많은 이가 성공에 대한 준비를 한다. 성공하면 차를 사고 집을 사고 주변 사람들에게도 나눠주겠다고 의욕을 불태운다. 그런데 실패에 대

한 준비는 했는가? "부정적인 생각을 하면 될 일도 안 된다"라면서 회피하지는 않았는가? 기업에서는 경영 상황이 악화될 때를 대비해서 경영 시나리오를 만든다. 군대에서는 최악의 상황인 전쟁이 발발했을 때 대응하기 위해서 훈련을 하고 대응 지침을 모두 숙지한다. 그런데 당신은 어떠한가? 회사를 그만두고 무엇인가에 도전하려는 당신은 실패에 대한 준비를 마쳤는가?

"잘될 거야. 넌 할 수 있어"라는 자기 긍정의 효과는 좋다. 그런데 만약 하나라도 잘못된다면 어떻게 할 것인가? 만약 당신이 내린 선택이 영 아니었다면?

『살아온 기적 살아갈 기적』등의 다양한 책을 집필한 고 장영희 교수의 일화가 생각난다. 학생들에게 영어로 일기를 쓰게 했는데 일기장을 잃어버려 돌려주지 못했던 제자가 있었다. 장 교수는 방을 치우다 우연히 그 제자의 일기장을 발견하여 읽게 되었다.

'교수님, 저는 남자 친구를 정말 사랑하지만 둘 다 집안이 너무 가난하네요. 그래서 저희는 남들이 놀러뛸느들 갈 때 노고산에 갑니다. 남들이 좋은 식당을 갈 때 분식집을 가야만 하네요. 그의 집은 너무 가난해서 아르바이트 해서 번 돈을 식구를 위해 써야만 해요. 교수님, 저는 가난이 싫어서 그와 헤어져야 하는지에 대해 고민이 됩니다. 어떻게 해야 할까요?'

돈과 사랑 중 무엇을 택해야 하느냐 묻는 제자의 고민이었다. 일기장 검사 당시 장영희 교수는 그녀에게 '중요한 것은 누구와 있는 것이지 무엇을 먹고 어디를 가는 것이 아니다. 사랑하는 사람과 함께 있다면 언제나 행복할 수 있을 것이다. 돈 때문이라면 평생 후회할지도 모른다'라는 말을 일기장에 써놓았었다.

그런데 시간이 지나 일기장을 다시 읽게 된 장 교수는 예전에 쓴 자신의 글을 읽고 왠지 마음이 편치 않았다. 사랑을 택하라고 말한 것에 대한 후회감이 들었던 것이다. 남의 인생이라고, 교수라고 교과서적인 답을 써놓은 것은 아닌가? 제자의 딜레마에 심각하게 고민했다고는 말할 수 없었다. 그녀는 일기장을 돌려주기 전에 다시 글을 썼다.

'돈이 많지만 별로 널 사랑하지 않는 사람과 돈은 없어도 널 사랑하는 사람, 누구를 택하겠니? 결국 돈과 사랑이 모두 있으면 좋지만 인생은 둘 다가 아니란다. 그래도 나라면 돈 없는 사랑을 택하겠다.'

무엇인가 선택을 해야 한다면 최악의 상황까지 보아야 한다. 돈 없는 사랑이라는 것을 선택했으면 정말 돈이 없을 때도 생각해보아야 한다. 어떤 일이든 무한 긍정으로만 바라보면 결코 안 되는 것이다. 이상은 높게 하되 최대한 현실을 반영하고, 다가올 문제점을 대비해 미리 준비해야 하는 것이다. 다양한 오류에 맞서 싸워야 한다. 그 이후 결정했다면 자신을 믿고 따라야 한다.

8

빠른 결단이
성패를 좌우한다

회사를 다니고 있는 지금이 당신의 인생에서 역설적이지만 가장 편한 시기일 수 있다. 30대는 마음이 불편해도 회사 일이 조금은 익숙해져서 몸이 편할 수도 있다. 그런데 자꾸 무엇인가 하지 않으면 안 될 것 같아서 도전하려고 한다.

갖가지 자기계발서에는 자신을 믿고, 도전하고, 긍정적인 생각을 통해 원하는 삶을 성취하라고 씌어 있다. 그럼에도 불구하고 많은 직장인은 무엇을 원하고, 어떻게 도전하고, 언제 시작해야 하는지에 대해서 두려움을 갖고 있다. 꿈이 무엇인지도 모르는데 꿈을 가지라고 강요받는다. 그렇게 말하는 그들은 자신이 하고 있는 그 일이 정말 그들의 꿈이었을까? 그들의 사례는 그들의 이야기일 뿐 나의 이야기가 아니지 않는가?

그러나 누구나 동일한 부분은 있다. 익숙한 삶을 변화시키려면 불편함이 필요하다는 것이다.

스펜서 존슨의 『누가 내 치즈를 옮겼을까』에는 아무도 모르는 사이에 사라지는 치즈에 대한 우화가 나온다. 두 마리의 생쥐와 작은 인간 허와 햄은 치즈가 가득 찬 방 안에서 행복한 시간을 보낸다. 그러나 생쥐들은 가득 차 있는 치즈를 두고도 계속 다른 곳으로 치즈를 찾으러 다녔다.

인간들은 그냥 본인이 갖고 있는 눈앞의 치즈에 만족해서 치즈를 소모하고 편하게 즐기기 시작했다. 그러던 어느 날 방 안의 치즈가 사라졌다. 치즈는 어디로 간 것일까? 인간들은 치즈가 어디 갔을까 하며 한탄하기 시작한다.

생쥐들은 예전에 찾아두었던 치즈가 있는 곳으로 바로 이동했다. 허는 치즈를 찾아 떠날 결심을 한다. 그렇지만 햄은 계속 치즈는 어디 갔을까, 하면서 옛 생각만 하고 있다. 치즈를 찾아 떠난 허는 우여곡절 끝에 예전보다 더 많은 치즈를 발견한다. 그리고 그곳에서 옛 친구들인 쥐들과 상봉한다. 허는 예전의 교훈을 발판으로 쥐들과 함께 계속 치즈를 찾으러 다닌다. 언젠가는 이곳의 치즈도 바닥이 날 것을 알기 때문이다.

쥐들이 치즈를 찾으러 다닐 때 인간들은 놀고 있었다. 쥐들이 인간들에게 같이 찾으러 다니자고 권유를 했었는지 알 수는 없다. 하지만 치즈가 바닥난 순간 쥐들은 인간들을 두고 바로 떠난다. 냉정해 보이지만 우화 속에는 실제 우리의 삶을 잘 반영한 교훈이 담겨 있다.

현재의 편안하고 익숙한 삶을 살아도 절대 문제되는 것은 아니다. 그렇지만 지금 회사에서 거듭 진급에 누락하고, 중요하지 않는 일만 하고 있다고 판단된다면? 주변의 여러 정황을 보았을 때 본인의 위치가 불안하다면? 지금 당장은 아니지만 언젠가는 결단을 해야 할 시기가 오게 되어 있다. 그런 순간이 오기 전이나 왔을 때 지금 서 있는 익숙한 곳에서 한 발을 내디뎌야 한다. 과감하게 스스로를 불편하게 만들어야 한다.

이 말은 회사를 당장 그만두고 무엇인가를 시작하라는 의미가 아니다. 준비 없이 나가기에는 세상은 너무나 냉혹하다. 익숙한 회사의 따뜻함이 그리워질 것이다. 그럼에도 불구하고 지금까지 남들이 만들어 놓은 편안함에 길들여졌던 것을 포기하고 자신만의 인생을 찾아 나서야 한다. 언젠가는 지금의 편안함이 고통으로 다가올 것이기 때문이다. 물론 그 시기를 스스로 잘 견디고 교훈을 얻어 더욱 멋진 인생을 살게 될 수도 있다. 그렇지만 반드시 후회와 고통의 순간이 다가옴을 명심해야 한다.

결단을 내리든 내리지 않든, 후회는 반드시 생긴다. 그러나 후회하는 것은 잘못이 아니다. 후회를 많이 해봐야 지금 삶에 감사하고, 긍정적으로 살 수 있다.

후회 없는 삶이란 없다. 후회는 더 나은 길을 찾기 위해 어쩔 수 없이 생기는 것이다. 지금 후회하지 않으면 나중에 또다시 후회할 수도 있다. 어리석은 자는 평생 후회하고 또 후회하면서 생을 마감한다. 마음 속 깊은 곳에서 시작된 후회는 당근을 먹는 토끼의 뾰족한 이빨처럼 우리의 마음을 갉아먹는다. 만약 당신이 지금 어떤 일로 후회하고 있다면 그 후회 속에 몸과 마음을 맡겨보자. 나중에 또 후회하는 것보다는 지금 많이 후회해보자. 후회를 통해 진정 원하는 것이 무엇인지에 대한 삶의 해답을 찾을 수도 있기 때문이다.

후회를 하고 고민을 하되 치열하게 해보아야 한다. 그냥 술 마시고, 동료들과 얘기하고, 책 몇 권 본다고 절대 해답이 나오지는 않는다. 결국 정답은 내 안에 있는 것이고 그것을 찾기 위해 주변의 도움을 받거나, 책을 읽고, 강연을 듣는 것뿐이다.

손정의는 어떤 생각을 하고 고민을 할 때 치열하게 한다고 말했다. 그는 머리가 빠개질 정도로 고민을 하고 일단 결정을 내리면 믿고 빠르게 실행한다고 한다. 과연 지금까지 우리는 그처럼 머리가 빠개지도록 하고 그 결정을 믿고 따랐던가?

이제부터는 이미 지났거나 이뤄지지 않을 고민은 버리고 나의 인생에 영향을 미치게 될 것만 집중해서 치열하게 고민해보자.

"누가 내 치즈를 옮겼을까?"라고 한탄하지 말자. 그 치즈는 당신이 다 먹은 것이다. 그리고 지금 당신이 가진 치즈가 사라지고 있는 것 같다면 없어지기 전에 무엇인가 방법을 찾아야 한다. 그러기 위해서 후회를 이용해 무엇이 잘못되었고 이후 조치는 어떻게 했나 등을 역으로 찾아보는 것이다. 정답은 없다고 하면서, 후회하고 고민하면서 똑같은 하루를 반복한다면 변화는 생기지 않는다. 변화 없이 살아도 잘못된 것은 아니다. 그렇지만 앞서 말했듯이 지금은 편안하지만 직장에서 불안한 사람들, 본인의 미래가 걱정되는 사람들, 삶이 무료하고 지겹다면 해봐야 한다.

후회 안 하는 사람은 아무도 없다. 심지어 이번 사람은 후회만 짓을 후회하는 경우도 있다. 그러나 나중에 더 크게 후회하고 싶지 않다면 지금 후회하고 고민하고 실행해야 한다.

지금 무엇인가를 포기하고 시작하려는 당신은 진정 용기 있는 사람이다. 포기는 위대한 용기이다. 그런데 흔히 포기한다는 말은 끈기 없고 노력하지도 않으며 힘들면 항상 도망가려 하고 회피하려는 사람들이 흔히 하는 행동으로 여겨지고 있다. 포기하는 사람들에 대한 주변의 시선도 부정적이기만 하다. 위대한 인물들은 결코 포기를 모르는 사람으로 비춰지고 있고, 포기하지 않았기에 승리와 성공을 이룰 수 있었다고 이야기된다.

포기하지 말라는 말을 가장 멋지고 짧게 말한 사람은 윈스턴 처칠이다. 그는 옥스퍼드대학교의 졸업식에서 "Never, Never, Never give up"이라는 말로 축사를 했다. 하지만 그런 그도 모든 일에 포기하지 않았던 것은 아니었다. 그는 신체적으로도 나약했고, 학창 시절 꼴지를 했고, 삼수 끝에 간신히 육군사관학교에 들어갔다. 그가 한 이 말은 자신이 원하는 것을 얻고 이루기 위한 과정을 포기하지 말라는 뜻으로 받아들이면 좋다.

　포기가 있어야 새로운 도전이 생길 수 있다. 항상 포기만 하고 끈기가 없다면 잘못된 것이 아니라 그만큼 더 도전할 여지가 있고, 또 그만큼 세상에 대한 관심이 많은 것이다. 오늘 혹은 조만간 무엇을 포기하려는 당신이 주변의 시선을 의식하지 않고 밀고 갔으면 좋겠다.

　하지만 지금의 포기가 진정 마음속에서 뭔가 뜻한 바를 위한 '일보후퇴'인지 또는 '잠시 멈춤'인지 반드시 확인해보자. 지금의 포기가 돌아올 미래에 아쉬움과 후회가 되지 않도록 당장 포기하고 싶은 마음을 다시 한 번 치열하게 고민해보자. 거듭 생각해보고 결정했다면 포기하고 다시 시작하자. 그리고 과거는 잊자.

9

돈이 먼저냐,
하고 싶은 일이 먼저냐?

돈이 먼저일까? 하고 싶은 일이 먼저일까? 성공한 이들은 흔히 "하고 싶은 일을 하라. 돈을 좇지 말라"라고 말한다. 실제로 많은 사람이 그 말에 동조한다. 하고 싶은 일을 하다 보면 언젠가는 돈도 따른다는 말을 믿는 것이다.

그런데 정말 그럴까? 하고 싶은 일을 하는데 결국 돈도 따르지 않는 경우가 훨씬 많지 않을까? 그런 경우는 무엇이라고 설명해야 할까? 열정이 적어서? 간절함이 부족해서? 아니면 운이 나빠서? 재수가 없어서? 기회가 없어서?

그런데 만약 하고 싶은 일이 없다면? 또는 잘 모른다면 또 어떻게 해야 하는 걸까? 혹시 하고 싶은 일을 찾은 것인지 아닌지 어떻게 알 수 있을까? 그런 과정이 귀찮고 하기 싫다면 그냥 현실에 순응하고 마음 편하게 사는 것도 좋은 방법이다.

만약 그 생각만 하면 잠도 안 오고 심장이 뛰고 참을 수 없다면, 그것이 하고 싶은 일이라는 증거일까? 그냥 그것이 단순한 흥미와 관심인 줄 모르고 해봤는데 나중에 지겨워진다면 어떻게 해야 할까?

이런 질문에서 시작한 것이 바로 '돈이 먼저냐, 하고 싶은 일이 먼저냐?'이다. 바로 하고 싶은 일을 하면 돈도 '따라온다'는 것이 아니라 '따라올 수도 있다'가 맞지 않을까 하는 것이다. 결국 돈 때문에 하고 싶은 일을 못하는 경우를 더 많이 봤기 때문이다. 지금 하고 싶은 일이 무엇인지 모른다면 돈이라도 벌고 아끼고 모아야 한다. 돈을 벌어 하고 싶

은 일을 하면 된다. 하고 싶은 일을 하기 위해서 지금 싫어도 참고 견디며 돈을 버는 것이다. 그것을 위해 참고 노력하는 것이다.

많은 직장인이 이 마음가짐으로 생활하고 있다. 하고 싶은 일을 하면서 돈 버는 사람보다 돈 벌어 하고 싶은 일을 하는 사람이 훨씬 많은 것 같다. 하고 싶은 일만 하기에는 책임감이라는 것이 무겁게 와 닿는다. 그래서 돈을 모으고 배우고 공부하면서 때를 기다리는 것이다.

모든 사람이 원하는 일은 과연 무엇일까? 그것은 노동 시간에 따라 급여가 계산되지 않는, 자가 증식할 수 있는 직업이 아닐까?

벤저민 프랭클린은 "순간의 안전을 얻기 위해 자유를 포기하는 자는 자유도 안전도 누릴 자격이 없다"라고 했다. 안전한 수입원인 월급과 하고 싶은 일인 자유와의 갈등은 생길 수밖에 없다. 두 가지는 조화를 이루기가 어렵다.

『인생학교 일』의 저자 로먼 크르즈나릭은 '직업으로부터 자유로워지는 게 진짜 우리가 원하는 것인가?' 하는 질문을 던진다. 당신은 어떤가? 지긋지긋한 지금의 일에서 벗어나는 게 당신이 원하는 것인가? 이를 위해 그는 노동윤리를 버리고 게으름의 철학을 발전시키라고 말한다. 그리고 소박한 삶을 지향한다면 충분히 가능하다고 말한다. 하지만 우리는 소박한 삶을 살고 싶어 하지는 않는다. 대부분 그렇기 때문에 이런 삶에서 벗어날 수 없는 것이다. 누군들 현재의 삶을 버리고 소박한 삶을 택하고 싶을까?

브라이언 트레이시는 돈에 대해서 다음과 같이 말했다.

"지금 벌어들이고 있는 것은 스스로 결정한 만큼이며, 그 이상도 그 이하도 아니다."

결론은 노동 총량의 한계에 종속되지 않는 직업이 필요하다는 것이다.

CHAPTER 6

지금 이 순간을 끌고 가라

내게 보이는 것과 내가 보는 것은 전혀 다른 의미를 가지고 있다.

보이는 것은 수동적인 것이지만 보는 것은 능동적인 행동이다.

이 능동적인 자세는 주체적으로 살고 끌려가지 않으려는 우리에게 꼭 필요한 것이다.

'산이 보인다', '나무가 보인다'보다는 '산을 본다', '나무를 본다'는 주체적인 마인드를 가지고 행동해야 한다.

그렇게 조금씩 연습하다 보면 나만의 파랑새가 보일 것이다.

지금의 인생이 전부는 아니라는 생각을 갖고, 비전을 갖고, 인생을 다시 계획하고, 그렇게 인생을 살아야 한다.

지금 행복하지 않다면
내일은 불행하다

　　　　　　　　　　　　우리 중 날마다 열심히 살지 않는 사람이 과연 있을까? 대부분의 직장인 삶이란 어떠한가? 아침 일찍 일어나서, 대중교통을 이용하거나 먼 길을 운전해서 출근하고, 일하고, 퇴근한다. 회사에서 인정받든 인정받지 못하든 대부분 비슷하게 생활한다. 이렇게 주 5일을 일하고 주말이 오면 직장인이 아닌 본래의 자기 모습으로 돌아간다. 하지만 나이가 들수록 피곤하다는 핑계로 주말마다 잠을 청하는 쪽으로 기운다. 이 모습 속에 당신도 속하는가?

　재독 철학자 한병철 교수는 노동하는 삶이 지배적인 성과 위주의 삶을 비판했다. 그는 피로 사회를 '스스로를 소진할 때까지 스스로를 착취하여 결과적으로 주체가 가해자이면서 동시에 피해자가 되는 사회'

라고 정의했다. 이것은 인간 자신보다 성과를 더 중시하는 사회적 환경의 영향도 있을 것이다. 스스로를 착취하지만 권력자에게 인정을 받고 그것으로 인해 다시 스스로를 착취한다는 것이다. '할 수 있다'라는 무한 과잉 긍정 역시 스스로를 착취하는 데 영향을 미치고 있다고 말한다. 그로 인해 회사가 원하는 것이 내가 원하는 것이라는 착각을 한다. 하지만 이런 상황에서는 성과를 낼 수 없는 자들에 대한 것과 힘을 가진 권력자들의 강요에 의한 어쩔 수 없는 상황에 대한 고려가 필요하다.

『긍정의 배신』을 쓴 바버라 에런라이크는 2000년 자신이 유방암에 걸린 것을 알게 된다. 그때 그녀는 '유방암은 축복'이라는 극도의 긍정적 태도를 목격한다. 이후 긍정주의가 얼마나 무서운 것인지 알게 된다.

이 책은 스스로 사고하지 않는 무조건적인 긍정주의에 대한 비판서이다. 그녀는 '미국의 중상류층은 바쁜 것 그 자체를 신분의 표지로 여겼다'라고 말한다. 1980년대, 1990년대 직장인들은 손에서 휴대전화를 놓지 않고, 노트북을 저녁마다 집에 가져갔다. 일중독이 사회적 문제가 되고, 멀티태스킹이라는 용어가 등장했다. 이런 상황은 지금도 다르지 않다. 우리는 모두 일의 '핵심'에 있는 것처럼 보이기를 좋아하며 이것을 위해 항상 바쁘게 산다.

가끔 친구들이나 주변 사람들과 전화를 하고 안부를 묻는다. 안부를 물으면 대부분 바쁘다고 말한다. 바쁘지 않다고 대답하는 사람은 거의 없었다. 게다가 "죽겠습니다", "숨만 쉬고 있습니다", "정신없습니다"라고 말하는 사람들도 많다. 나 역시 마찬가지였다. 지인들의 안부 인사에 항상 바쁘다고 대답했다. 하지만 어느 순간부터 "바쁘다" 대신에 "바쁘지 않다"라고 대답하기 시작했다. 바쁘다는 말이 더 이상 자랑이 아닌 것 같은 느낌이 들었기 때문이다. 그리고 내가 바쁜 이유 역시 끌려다니기 때문이라는 생각이 들었다.

우리는 왠지 바쁘지 않으면 낙오자가 된 것처럼 생각하는 경향이 있다. 사회 풍토 역시 그런 생각에 일조하는 듯하다. 어린아이부터 노인에 이르기까지 바쁘지 않은 사람이 없다. 하지만 과거 조선 시대의 선비들이나 유럽의 귀족 등의 엘리트 지배계층은 유유자적한 삶을 살았다. 노동을 하고 바쁘게 살았던 자들은 생계를 위해 일해야 하는 자들일 뿐이었다. 그런데 그때로부터 100년 남짓 지나지 않은 오늘날 바쁘게 일하는 사람들이 더 큰 목소리를 내는 것은 아이러니하지 않은가?

능력주의, 성과주의, 성과급, 상대평가 등의 말이 사회에 퍼져 있다. 자본주의 사회는 기존 계급사회와 다른 차별성을 가지고 있다. 그것은 바로 누구나 능력이 있다면 나이와 출신 등을 막론하고 인정받을 수 있다는 것이다. 실제로 삼성전자 근무 시 한 선배는 특진을 거듭해 젊은 나이에 높은 직급에 오르기도 했다. 많은 기업에서 회사의 가치와 부합되는 능력을 지닌 사람의 특진은 당연하다. 한편, 능력이 없어 진급에 누락되고 미래에 대해 고민해야 하는 다른 이들의 모습도 있다. 누락되었다고 낙오자가 되는 것은 아니다. 그들이 갖고 있는 장점 등이 단지 회사나 부서에 부합되지 않는 것뿐이다. 하지만 현실에서 타인들이 그들을 바라보는 시선은 긍정적이지만은 않다.

회사에서의 삶은 저마다의 사다리를 타고 위로 올라가는 데 집중되어 있다. 누구는 중간에 사다리에서 떨어지고 누구는 끝까지 올라간다. 사다리에서 떨어지지 않으려고 발버둥치는 모습이 바로 우리의 모습이다. 높은 사다리 끝에 올라가 있던 자도 언젠가는 스스로 걸어 내려와야 한다. 그렇지 않고 버티다 보면 누군가에 의해 억지로 밀려 떨어지고 만다.

이런 경쟁적인 현실 속에서 옆자리의 동료는 진급을 위한 경쟁 상대라는 인식이 생길 수밖에 없다. 그리고 사다리를 올라가지 못한 자들은 상대적 박탈감을 느끼게 된다. 그렇다고 회사 입장에서 누구나 다 사다리에 올려줄 수는 없는 노릇이다. 당연히 회사에도 기준이 있고, 평가가 있기 때문이다.

그렇다면 행복하기 위해서는 어떻게 해야 할까? 옆의 동료와 경쟁하는 소모적인 삶보다는 자기 자신과 경쟁해야 한다. 스스로 나 자신과 라이벌이 되어야 하는 것이다. 어제의 나보다 더 나아졌다면 그것으로 되었다. 물론 그것이 지속되어 늘 어제의 나보다 나아져야 한다.

진짜 행복을 느끼는 사람은 자신과 경쟁하는 사람이다. 그런 사람이 향후 더욱 유리한 위치에 오르게 될 것이다. 인생을 더욱 충만하게 살 것이다.

당신은 주말을 위해 주중에 5일 일하고 있는가? 일을 하기 위해 주말을 쉬고 있는가? 간단한 것 같은 이 차이는 그리 간단하지 않다. 당신이 일에서 행복을 느끼고 있는지의 여부를 판단할 수 있기 때문이다.

그렇다면 당신은 행복이 무엇이라고 생각하는가? 행복에 대한 정의는 사람마다 전혀 다를 것이다. 하지만 돈, 명예, 시간, 건강, 친구, 가족 등 세월이 지나도 불변의 항목들이 존재한다. 그것들은 대부분 수백, 수천 년 전이나 지금이나 행복의 요소 중 한자리를 차지하고 있다.

그중 하나인 건강을 선택해보자. 아무리 돈이 많아도 건강을 잃으면 아무짝에 쓸모가 없다. 당연히 아무것도 할 수 없으니까. 30대는 건강에 조금씩 신경을 써야 하는 나이다. 20대와는 다르게 체력적으로 피곤을 많이 느끼는 시기이기도 하다. 하지만 해야 할 일들은 점점 더 많아진다. 왜 그럴까? 흔히 어른이 되니까 당연히 할 일이 많아지는 것이라고 말하곤 한다.

어른이 되는 것은 역할이 증가된다는 뜻이다. 10대, 20대의 나와 30대의 나는 확연히 다르다. 역할이 하나씩 더 늘어나기 때문이다. 역할이 늘어날수록 역할에 따른 갈등 역시 증가된다. 이 역할 갈등들이 나를 피곤하게 하고, 스트레스를 받게 하며, 체력을 저하시킨다.

그렇다면 역할 갈등이란 무엇일까? 사전적으로는 '한 사람이 동시에 다양한 지위를 갖거나, 한 가지 지위에 대하여 여러 가지 역할이 기대될 때 나타나는 모순이나 긴장 상태를 이르는 말이다. 인간관계가 복잡해지고, 업무가 전문화되고 분업화되면서 역할 갈등이 증가된다. 증가될 경우 개인적, 사회적으로 혼란을 초래할 우려가 있다'라고 정의되어 있다.

당신이 힘든 것 역시 다양한 역할에서 오는 갈등 때문이다. 20대와는 다르게 자꾸 역할이 하나씩 늘어가는 것이 바로 30대이다. 20대가 자식, 친구, 연인, 회사에서 사원으로의 역할 정도라면 30대는 결혼하고 아이를 낳으면서 부모, 배우자, 맞벌이 부부의 역할 등이 추가되고, 회사에서도 중요한 업무를 조금씩 더 부여받기 때문에 역할은 늘어만 산나.

다양한 역할을 잘 조화시키지 못하고 그 속에서 허우적거리면 체력적으로 점점 피곤해지고 성향은 날카로워질 수밖에 없다. 또는 너무 힘들어 역할들에 집중할 수가 없어서 생활이 뒤죽박죽되는 경우도 있다. 이런 역할들을 잘 다스릴 줄 알아야 스스로 행복을 찾을 수 있다. 당신의 다양한 역할은 서로 평행해 있는 것이 아니라 겹쳐져 있고, 연결되어 있는 경우가 많다. 이 역할들이 어느 한쪽으로 지나치게 치우친다면 잠시 역할들을 내려놓아야 한다.

나 역시 이런 역할들 때문에 힘들었던 적이 있었다. 처음 결혼하고는 아들과 남편으로서의 역할이 힘들었다. 부모님의 말씀이 무조건 옳다고 생각했기 때문에 본의 아니게 아내의 말에 동의할 수 없었다. 아내와 다투고 부모님과 다퉜다. 하지만 시간이 지나면서 역할 갈등이 해소되었다. 서로 타협할 수 있는 중간 지점을 극적으로 찾아낸 것이다. 문제는 너무 잘하려고 했던 데서 기인했다. 부모님께 너무 높은 기대를 갖게 해드렸던 것이다. 그래서 스스로 더욱 힘들었다. 하지만 부모님은 그런 것을 원한 게 아니었다. 부모님의 의도를 잘못 파악해서 역할 갈

등이 생겼던 것이다. 지금은 아이를 키우고 있는 상황에서 아빠와 회사원과의 역할 갈등에 처해 있다. 하지만 각각의 역할을 슬기롭게 해나가고 있는 상황이다.

역할 갈등을 실제로 경험해보면서 느낀 것이 있다. 갈등이 발생하면 무엇이 문제인지 확인해보고 그 역할에서 잠깐 쉴 수 있어야 한다는 것이다. 그리고 너무 잘하려고 할 때 역할 갈등이 생기는 경우가 많았다.

우리는 하나의 역할만 잘하면 안 된다. 다양한 역할을 가지고 있기에 각각의 역할이 톱니바퀴처럼 잘 굴러가도록 해야 한다. 쉽지 않겠지만 이미 끌려다니지 않으려고 하는 당신이라면 잘해낼 수 있을 것이다.

2

지금 알고 있는 것이
선부는 아니다

　　　　　　　　　일본의 '리카 인형'은 1967년 발매
이후 누계 출하수가 5,000만 개가 넘는 스테디셀러이다. 이 인형은 여
자아이들의 소꿉장난 아이템이다. 초등학교 5학년인 가야마 리카를 중
심으로 아빠, 엄마 등의 가족들로 구성된 장난감이다.

　그런데 2012년 이 가족에 '할머니'가 등장했다. 인형에 할머니가 등
장하다니, 신기하지 않은가? 할머니는 56세로, 33세의 패션 디자이너
인 리카 엄마의 어머니이다. 나이가 56세인 이유는 1967년 초기 리카
인형의 타깃이던 11세 소녀들이 2012년 56세가 되었기 때문이다. 일본
역시 우리나라처럼 맞벌이 부부가 많아 외할머니들이 손주를 돌보는
경우가 많다고 한다. 이에 할머니들이 손녀들과 놀 때 자신의 역할을

맡을 인형이 필요하다는 요청이 들어와서 만들게 되었다고 한다.

누가 할머니 인형이라는 아이템을 생각이나 했는가? 실제로 만들었을 때 사람들이 사지 않을 것 같은 이 아이템을 말이다. 하지만 이 한 가지 예에서도 드러나듯 우리가 알고 있는 것은 단편적인 것에 불과한 경우가 많다. 이 세상에 우리가 모르는 것이 얼마나 많은가?

과연 당신은 스스로 알고 있는 것이 옳다고 자신 있게 말할 수 있는가? 나는 단순한 몇 번의 경험을 통해서 착각의 무서움을 실제로 느꼈었다.

얼마 전 버스 터미널에서 길을 묻는 한 아주머니를 보았다. 그 아주머니는 호남선으로 가려면 어디로 가야 하냐고 주변에 있던 한 아저씨에게 물었다. 그 아저씨는 귀찮다는 듯이 손가락으로 왼쪽 방향을 가리켰다. 그는 "저기, 저쪽으로 가면 돼요"라고 말하고는 사라졌다. 아저씨의 짜증 섞인 말투에 아주머니는 기분이 상한 듯 다시 주변을 둘러보다가 한 청년에게 다시 길을 물었다. 아저씨의 말이 맞는지 확인하고 싶었던 모양이다. 그 청년은 "저쪽에 ATM기가 있어요. 그걸 오른쪽으로 돌아서 가시면 돼요"라고 친절하게 말해주었다. 그 아주머니는 감사하다며 그쪽 방향으로 갔다.

이 글을 읽고 어떤 생각이 들었는가? 대부분 아저씨를 비난하고 청년을 칭찬할 것이다. 화내지 않고 친절하게 설명했던 청년의 착한 모습을 떠올리면서 말이다. 하지만 이날 청년은 잘못된 길을 알려주었다. 어떻게 아냐고? 내가 나중에 이 아주머니께 옳은 길을 설명해드렸으니까.

우리는 흔히 친절하면 좋고 옳은 것이라고 여긴다. 하지만 세상에는 잘못된 친절도 있음을 알아야 한다. 비록 첫 번째 아저씨는 퉁명스러워도 정답을 알려줬다. 물론 길을 알려준 청년 역시 악의는 없었을 것이다. 자신이 알려준 방향이 맞다고 생각했을 것이다. 문제는 자신도 잘 모르면서 아는 척했다는 것이다. 그리고 좋은 일을 했다고 스스로 의식하고 있었던 것이다.

그렇다면 과연 우리가 알고 있는 것이 모두 옳은 것일까? 주의력결핍 과잉행동장애(ADHD) 진단을 받은 한 소년이 있었다. 그 소년은 잠시도 가만히 있지 못했고 유치원 선생님으로부터 어떤 일에도 집중하지 못할 것이라는 악담을 들었다. 11세 때 수영장에서는 훈련하는 시간보다 혼나는 시간이 더 많았다. 별로 성공할 만한 자질을 갖추지 못해 보였다. 하지만 그 소년은 성인이 되어서 수십 개의 세계기록을 세운다. 2004년 아테네 올림픽에서는 금메달 여섯 개와 동메달 두 개를 땄다. 2008년 베이징 올림픽에서는 금메달을 무려 여덟 개나 받는다. 그는 은퇴 전인 2012년 런던 올림픽에서 딴 메달까지 포함하면 총 스물두 개를 획득했다. 이 기록으로 그는 역사상 가장 많은 메달을 딴 선수가 되었다. 바로 우리가 잘 아는 수영 황제 마이클 펠프스이다. 게리 켈러는 『원씽』이라는 자신의 저서에서 위의 마이클 펠프스 사례를 이야기했다.

경영학의 대부 피터 드러커는 "책 속에 있는 것은 정보뿐이다. 지식

242

이란 정보를 일과 성과에 결부시키는 능력이다. 그리고 지식은 인간, 즉 두뇌와 기능 속에만 존재한다"라고 주장했다. 그는 정보와 지식의 중요성에 대해 많이 언급한다. 그렇지만 차별성에 대해 더 많이 이야기한다. 기업과 개인의 차별성, 독창성이 집단과 개인의 독자적 지식이라고 강조한 것이다. 피터 드러커는 "인간은 자기가 지각하고 싶은 것을 지각한다"라는 말을 통해 지식과 인간이 느끼는 감정에 대해 말하기도 하였다. 우리는 우리가 알고 싶은 것에만 관심이 있다.

그렇다면 다시 한 번 묻겠다. 과연 우리가 알고 있는 것이 정말 옳은 것일까?

오스카 와일드는 "대부분의 사람은 그들 자신이 아니라 다른 누군가이다. 그들의 생각은 다른 누군가의 생각이다. 그들의 인생은 일종의 모방이다. 그들의 열정은 누군가를 인용한 것이다"라고 말하였다. 우리가 안다고 말하는 것들은 타인들이 이미 말하고 생각한 것을 그냥 인용한 것일 뿐일 수도 있다.

'아는 만큼 보인다'라는 말이 있다. 어떤 의미인가? 아는 것의 중요성, 즉 배움의 중요성을 말하는 것일까? 학창 시절 은사 한 분은 이 말을 자주 인용하면서 아는 것의 중요성을 강조하였다. 최소한 남들만큼은 알아야 하며, 남들보다 더 많이 알아야 경쟁에서 성공할 수 있다고 하였다. 나 역시 아는 것이 중요하다고 생각했다. 물론 지금도 앎의 진리, 배움이 숭요하다는 생각에는 변함이 없다.

하지만 어느 순간부터 아는 것만이 진리가 아니라는 생각을 갖게 되었다. 예전에는 아는 만큼 보인다는 것이 옳다고 생각했다. 그래서 늘 무엇인가를 좀 더 알고 싶었고 알기 위해 노력했다. 많은 이가 외국으로 여행을 가려면 미리 책을 보고 공부를 하고 가야 비용 대비 효과를 얻을 수 있다고 생각한다. 미리 알아야 더 많이 볼 수 있고, 시간을 아낄 수 있다고 생각하기 때문이다. 귀중한 시간을 들여 떠나는 여행이기에 알차게 보내고 싶은 마음이 드는 것이다. 그렇게 여행을 떠나고 사진을 찍으면 많은 것을 보고 왔다고 생각한다. 여행지에서 아는 것이 나오면 즐거워하고, 알고 있다는 사실에 행복해한다.

나 역시 어떤 배경 지식을 가지고 무엇인가를 바라보곤 했었다. 하지만 그것뿐이었다. 진정 마음으로 느끼고 감동하지 않았던 것들은 그냥 잊힐 뿐이었다. 하지만 아무 배경 지식도 없는 아이들이 어떤 사물을 보고 "우와!" 하고 소리치며 놀라는 것을 본 적이 있을 것이다. 알지 못한다고 해서 느끼지 못하는 것은 아니다. 오히려 단편적인 지식들이 감동을 저하시키는 경우가 더 많을 수 있다.

요즘은 스마트폰으로 궁금한 것을 바로 찾아볼 수 있다. 검색창에 맛집, 재미난 공연, 책 등 키워드만 입력하면 아무 어려움 없이 내 것으로 가져올 수 있다. 갑자기 배가 고프면 주변 맛집을 검색하면 된다. 하지만 인터넷에서 검색한 맛집에 대해 어떻게 믿을 수 있는가? 실제로 나의 경우 맛집이라고 칭할 정도의 식당은 손에 꼽는다. 그것은 사람마다 입맛도 다르고, 상황도 다르기 때문이다. 배고픈 상황에서 먹으면 평범한 집도 맛집이 될 수밖에 없다. 그렇기에 먼 길을 돌아 일부러 찾아갔는데 본인의 기대보다 못하다면 실망하는 것이다. 이 경우 맛집이라고 너무 많은 기대를 하고 착각하고 왔기 때문이다. 게다가 확실하지 않은 정보를 갖고 판단했기 때문이다.

과연 궁금한 것을 바로 확인하여 알 수 있는 것이 정말 좋은 것일까? 궁금한 사실에 대해 바로 알 수 있는 것은 간편한 것이다. 그리고 요즘은 간편한 것이 좋은 것이라고 여겨진다. 그러나 간편한 것은 간편한 것일 뿐, 좋은 것은 아니다. 바로 확인할 수 있는 인터넷 역시 간편한 것이지, 좋은 것은 아니다. 그 이유는 생각하고 판단하는 시간들이 줄어들기 때문이다. 심지어 많은 사람이 식사할 때도 스마트폰을 보고, 길을 걸을 때도 그것에서 눈을 떼지 못한다.

무엇을 그리도 알고 싶은 것일까? 그렇게 알게 된 사실은 어떤 도움을 줄까? 요즘처럼 누구에게나 정보가 오픈된 세상에서는 누가 좀 더 빨리 그 내용을 아느냐 정도일 뿐이지 않은가? 그냥 다른 사람들과 대화하기 위해 필요한 것인가?

지금은 정보와 지식의 의미가 점차 쇠퇴하고 있다. 세상이 빠르게 변하고 있기 때문에 예전에 습득한 지식을 가지고 계속 이야기할 수도 없는 상황이다. 앞으로의 세상은 지식이 아닌 지혜가 더욱 중요해질 것이다. 모든 사람이 모르는 지식은 없어질 것이다. 모른다고 해도 지금처럼 빠르게 찾고 빠르게 습득할 수 있을 것이다. 이미 많은 사람이 알고 있는 정보를 얻기 위해 노력하기보다 다양한 정보를 이용해 자신만의 지식을 만들어야 한다. 그 후 그것들을 본인만의 지혜로 바꾸는 과정이 반드시 필요하다.

정보와 지식을 배우는 것은 어렵지 않다. 하지만 지혜를 배우는 일은 어렵다. 누군가 가르쳐줄 수 있는 것도 아니고 스스로 터득할 수밖에 없기 때문이다.

사람마다 나라마다 종교나 주어진 환경에 따라 알고 있다는 것들이 전혀 다르다. 같은 것을 보아도 갖고 있는 배경 지식에 따라 전혀 다르게 인식하는 사례들도 많다. 게다가 아는 것에는 끝이 없다. 깊이 알면 알수록 어려워지고 끝없이 이어져 있는 것이 바로 지식인 것이다.

요즘처럼 빠르게 변하는 시대에서 10년 전의 지식은 이미 쓸모가 없다. 단순히 그 지식을 알고 있는 사람은 얼마나 많을 것인가? 10년 전의 단순한 지식은 이미 오래되고 낡은 것이다. 하지만 누군가는 그것을 보고 다른 것들을 생각해내기도 한다. 천재라서 가능한 것이 아니라 생각할 수 있는 지혜를 가졌기 때문이다. 이런 지혜를 가진 사람들은 과거 10년, 100년, 1,000년 전의 지식을 활용할 수 있다.

앞으로 시간이 지날수록 보는 만큼 아는 시대가 될 것이다. 보는 만큼 아는 시대는 지식이 아니라 생각할 수 있는 힘, 즉 지혜를 가진 사람들이 중요할 것이다. 지식은 아는 만큼 보이는 것이지만 지혜는 보는 만큼 아는 것이다.

회사에서 일하는 것도 마찬가지이고, 인생을 사는 것도 동일한 원리이다. 모든 것을 대할 때 나만의 지혜가 있다면 나의 인생을 좀 더 유쾌하고 행복하게 지낼 수 있을 것이다.

지금 보이는 것이
전부는 아니다

'정말 소중한 것은 눈에 보이지 않는다.'

생텍쥐페리의 『어린왕자』에 나오는 말이다. 이 말처럼 정말 소중한 것은 우리의 눈에 보이지 않을 수도 있다. 하지만 우리는 눈에 보이는 무엇인가를 위해 인생을 소비하고 있는 것은 아닐까?

우리 눈에 보이는 지금 이것만이 전부는 아니다. 당신은 검은 백조에 대해서 알고 있는가? 나심 니콜라스 탈레브는 『블랙스완』이라는 책에서 검은 백조의 탄생을 이야기한다. '블랙스완'이란 서구인들이 호주에 진출했던 18세기에 처음 발견한 검은 백조에 대한 사건에서 비롯된 것이었다. 백조가 흰 새라는 사실은 경험적 증거에 의해 당연한 사실이었다. 하지만 검은 백조 한 마리의 발견으로 인해 경험으로 이뤄진 지식이 무너져버린 것이다.

과연 우리는 지금 보이는 것들을 전부라고 믿을 수 있는가? 플랫폼 전략가 조용호의 저서 『스트리트 이노베이터』에는 그의 재미난 생각이 들어 있다. 그것은 모리스 마테를링크가 만든 〈파랑새〉 이야기에 대한 작가의 생각이었다.

어느 날 요술 할멈이 아픈 딸을 위해 파랑새를 찾아달라고 부탁한다. 착한 아이들인 틸틸과 미틸은 파랑새를 찾으러 먼 길을 떠난다. 하지만 파랑새를 찾지 못하고 집으로 돌아온다. 집에 왔을 때 예전부터 키우던 새가 바로 파랑새인 것을 깨닫게 된다. 이 이야기는 흔히 파랑새는 가까이에 있으니 멀리서 소중한 것을 찾지 말라는 교훈으로 쓰이곤 한다. 하지만 작가의 생각은 조금 달랐다. 파랑새를 찾는 모험을 했기 때문에 파랑새를 볼 수 있는 눈이 생긴 것이라 했다.

당신은 지금 당신만의 파랑새를 찾고 있을 것이다. 혹시 파랑새를 보고 있거나 보았었는데 그것이 파랑새인지조차 몰랐을 수 있다. 또는 막연하게 타인들이 파랑새를 찾으러 가는 모습을 보고 불안해서 빨리 동참하려는 마음을 가졌을 수도 있다. 이런 경우라면 파랑새를 굳이 찾으러 가지 않아도 된다. 파랑새를 찾고 싶으면 최소한 파랑새의 모습과 특징을 상세히 알고 있어야 한다. 그래야 파랑새가 보이지 않겠는가?

파랑새를 찾기 위해서는 내가 파랑새를 보아야 한다. 이것은 파랑새가 내게 보이는 것과는 좀 다르다. 내게 보이는 것과 내가 보는 것은 전혀 다른 의미를 가지고 있다. 보이는 것은 수동적인 것이지만 보는 것은 능동적인 행동이다. 이 능동적인 자세는 주체적으로 살고 끌려가지 않으려는 우리에게 꼭 필요한 것이다. '산이 보인다', '나무가 보인다'보다는 '산을 본다', '나무를 본다'는 주체적인 마인드를 가지고 행동해야 한다. 그렇게 조금씩 연습하다 보면 나만의 파랑새가 보일 것이다.

몇 달 전 회사에서 지방으로 출장을 갈 일이 있었다. KTX를 타고 가는데 옆자리에 할머니 한 분이 앉아 계셨다. 여든이 넘으신 백발의 할머니께서 KTX를 혼자 타고 가시다니, 대단하다는 생각이 들었다. 할머니께서는 지루했는지 책을 읽고 있는 내게 말을 걸었다. 할머니께서는 환갑 즈음 할아버지와 함께 미국에 사는 딸한테 놀러 갔다가 오랫동안 살고 왔다고 했다. "얼마나 계셨어요?" 하고 여쭤보니 20년가량이라고 했다. 그 말을 듣고 "긴 세월이었네요"라고 말씀드리자 "그렇지. 그런데 금방 지나갔어"라고 했다. 할머니께 후회되는 것은 무엇이냐고 묻자 "영어 공부 안 한 거, 운전면허 안 딴 거"란다. 할아버지가 영어로 소통이 가능하고, 운전도 할 줄 알아서 그냥 따라다녔단다. 그러다 할아버지가 돌아가시자 할머니 혼자서 생활하기에 불편해서 돌아왔다고 했다.

처음에 나는 내 옆에 계신 할머니를 그냥 '정정하고 혼자 KTX를 탄 대단한 할머니'라고만 생각했다. 하지만 할머니와 대화를 통해 많은 교훈을 얻게 되었다. 특히 "영어 공부 안 한 거, 운전면허 안 딴 거"라는 말이 계속 귓가에서 맴돌았다. 그냥 할머니만을 바라봤을 때 알지 못했던 교훈을 얻은 것이다.

우리는 흔히 보이는 것만을 믿는다. 세상에는 우리가 보고 있는 것들이 전부는 아니다. 사람마다 보고, 듣고, 느끼는 것은 전혀 다르다. 하지만 우리는 학교와 사회에서 동일하게, 튀지 않게 살아야 한다는 것을 강요당했다. 지금보다 더 나은 삶을 살려면 현재 자신의 자리를 지키고 그 자리에 걸맞은 일을 최대한 열심히 하라고 강요당했다. 마치 봉준호 감독의 영화 〈설국열차〉에서 "네 주제를 알고 제자리를 지켜라(Know your place, Keep your place)!" 하는 대사처럼 말이다. 사실, 본인의 자리가 스스로에게 맞고 행복하고 즐겁다면 그 자리를 지키고 최선을 다해 행복하게 살면 된다. 이러한 삶도 잘못된 것은 아니다. 또 다른 옳은 삶일 뿐이다.

그렇지만 당신이 현재 자리를 지키고 싶지만 그 일에서 아무 보람도 행복도 느끼지 못한다면, 그 삶은 잘못된 것이다. 부모를 위해, 자식을 위해 어쩔 수 없이 회사를 나가야 한다는 생각도 잘못된 것이다. 나보다 못한 타인들과 비교하며 위안을 삼고, 나보다 뛰어난 사람들과 비교하며 속상해하는 삶도 잘못된 것이다. 이런 삶은 뜨겁지도 차갑지도 않은 미지근한 삶이다. 미지근하게 오랫동안 사는 것보다는 뜨겁거나 차가운 삶을 사는 것이 더 보람되지 않을까?

뜨겁거나 차갑게 살기 위해 우리만의 이야기를 만드는 게 좋다. 자신만의 이야기를 만들고 스스로를 브랜드화하는 것이다. 그렇게 하기 위해서는 스스로의 장점을 파악해야 한다. 단점을 보강하는 것보다 나만의 장점을 찾아보고 나만의 독특한 이야기를 만드는 삶을 살자는 것이

다. 타인과 비교하는 삶이 아닌 스스로의 이야기를 만드는 삶 말이다. 실패해도 이야기, 성공해도 이야기가 되는 삶 말이다.

'몰입'의 권위자 미하이 칙센트미하이 역시 "인생은 어떤 식으로 살라고 누가 정해놓은 규칙이 있는 게 아니다. 중요한 것은 나에게 맞는 삶의 방식을 찾아내는 일이다"라고 했다. 우리 역시 스스로에게 맞는 삶의 방식으로 인생을 사는 것이 필요하다. 회사, 가정, 친구, 동료에게 지금까지 끌려가고 있었다면 이제부터는 끌려가지 않으면 된다. 그들을 끌고 갈 필요도 없다. 그냥 스스로 주체적인 사람으로 살면 된다. 그저 생각만 바꾸면 된다. 타인이 하는 말에 일희일비할 필요 없이 스스로의 강점을 찾아 몰입하면 된다.

이미 강점을 찾았다면 그것을 갖고 하나씩 자신만의 이야기를 만들면 된다. 아직 못 찾았다면? 걱정할 필요 없다. 차분히 찾으면 된다. 만약 당신이 절박한 상황에 처해 있다면 좀 더 빨리 찾을 수 있을 것이다.

그렇지 않다고 해도 걱정할 필요 없다. 즐거운 방법으로 찾을 수도 있기 때문이다. 그러다 보면 언젠가 나만의 강점을 찾을 수밖에 없다. 절박할수록 강점을 찾는 속도는 빨라질 것이다.

폴 하비는 "눈을 감은 사람은 손을 미치는 곳까지가 그의 세계요, 무지한 사람은 그가 아는 것까지가 그의 세계요, 비전이 있는 사람은 그의 비전이 미치는 곳까지가 그의 세계이다"라고 했다. 우리 역시 지금의 인생이 전부는 아니라는 생각을 갖고, 비전을 갖고, 인생을 다시 계획하고, 그렇게 인생을 살아야 한다.

4

지금 당신의 인생이
전부는 아니다

혹시 케시어스 클레이라는 흑인을 아는가? 아마 생소한 이름일 것이다. 그는 1960년 로마 올림픽 복싱 라이트 헤비급 금메달리스트였다. 하지만 흑인이라는 이유로 식당에서 쫓겨난 그는 그 길로 강물에 금메달을 던져버렸다. 그 후 1964년 케시어스 클레이는 백인 주인의 성과 노예의 이름을 버렸다. 그는 스스로의 이름을 선택했고 자신의 삶을 스스로 결정했다. "인간으로서 존중받지 못하는 한 영광은 아무 쓸모가 없다"라고 말한 그는 바로 무하마드 알리이다.

그는 1967년 베트남전 징집 명령을 거부하여 3년간 출전을 금지당했고 챔피언 타이틀과 권투 선수 자격을 박탈당했다. 베트남전 징집 명령을 거부했던 이유에 대해 그는 이렇게 말했다.

"나는 당신들이 아니라 내가 원하는 챔피언이 되겠다. 베트콩은 우리를 '검둥이'라고 하지 않는다. 베트콩보다는 흑인을 억압하는 세상과 싸우겠다."

1974년, 불합리하게 빼앗겼던 챔피언 벨트를 다시 찾기 위해 그는 32세의 나이에 링에 올랐다. 그의 대결 상대는 24세의 복싱 헤비급 챔피언 조지 포먼이었다. 그 누구도 무하마드 알리의 승리를 예상하지 않았다. 알리 본인만 제외하고는 모두 알리가 질 것이라고 생각했다. 무하마드 알리는 8회까지 고전하다 순식간에 조지 포먼을 KO시켰다. 그의 경기 영상을 보면 지금도 놀랍기만 하다.

우리는 그를 케시어스 클레이라고 기억하지 않는다. 우리는 그를 무하마드 알리, 집념의 챔피언이라고만 기억한다. 지금 당신이 살고 있는 인생은 과연 당신의 모든 모습인가? 혹시 당신은 현재의 무하마드 알리가 아닌 과거의 케시어스 클레이의 이름과 삶으로 살고 있는 것은 아닌가? 무하마드 알리는 금메달을 버리고 3년간 권투 선수 자격까지 박탈당했지만 다시 도전하여 32세의 나이에 챔피언이 되었다.

그렇다면 알리와의 경기에서 졌던 24세의 조지 포먼은 어떻게 되었을까? 그는 경기에서 진 충격으로 인해 계속 패배하다 28세에 은퇴하고 만다. 하지만 그 후 청소년들이 방황하는 것을 보고 체육관을 무상으로 개방한다. 무상으로 개방한 체육관이 운영난에 허덕이기 시작하였다. 그래서 그는 체육관의 운영비를 위해 다시 링으로 돌아가려고 노력했다. 그때 그의 나이는 38세였다. 복싱연맹에서는 조지 포먼의 나이가 많다는 이유로 시합을 거절했다. 하지만 계속된 그의 노력 끝에 결국 그는 경기를 치르게 되었다. 상대는 29세의 무어였고, 조지 포먼은 그를 이겨 마침내 헤비급 챔피언에 다시 등극한다. 그의 나이 46세였다.

영국의 전설적인 광고가 폴 아덴은 『생각을 뒤집어라』에서 다음과 같이 말한다.

'세상은 당신이 어떻게 생각하느냐에 달려 있다. 생각을 뒤집으면 당신의 인생도 바뀔 것이다.'

당신이 지금 해야 할 생각이 아닌 전혀 다른 생각을 하고 있다면 그것이 바로 다른 인생의 시작이다. 알리는 금메달을 버리고 이름을 바꿈으로써 새로운 인생을 살기 위한 다짐을 했다. 그리고 본인 주관을 갖고 인생을 살기 시작했다. 많은 것에 끌려다니고 있는 우리 역시 다짐을 하면 인생을 바꿀 수 있다.

지금 당신의 모습이 인생의 전부는 아니다. 또 다른 모습이 존재할 수 있다는 사실을 알아야 한다. 지금 회사에서 힘들게 버티고 있거나, 인생의 무게를 버거워하는 가장도 지금 모습이 인생의 전부는 아닐 수 있다는 것이다. 스티브 잡스 역시 스탠퍼드대학교 졸업 축사에서 본인은 '점으로 연결된 인생(Connecting the dots)'을 살았다고 말했다. 본인의 인생을 지금의 모습으로만 생각하고 지나간 기억을 추억하고 아쉬워할 필요는 없다. 게다가 놓쳤다고 생각했던 기회들을 후회할 필요도 없다. 그것이 정말 기회였는지는 알 수 없기 때문이다. 기회였다고 해도 어차피 그것을 볼 수 있는 눈이 없었던 것이다.

『길 위에서 하버드까지』라는 책을 쓴 리즈 머리는 미국 최하층 계급에서 태어나 노숙자로 살았다. 그러던 그녀는 16세 때 어머니의 죽음을 맞이하고 '어차피 불행한 인생이라면 내 방식대로 노력이나 해보고 불행해지자'라고 다짐한다. 그 후 고등학교에 입학하고 하버드대학교에 들어간다. 그녀는 '어떤 환경에 있든지, 우리는 우리가 원하는 인생을 만들어갈 수 있다. 인생은 어떻게 시작하느냐보다 어떻게 끝내느냐가 더 중요한 것이다. 삶에 대한 열정으로 더욱 멋진 인생을 만들 수 있다'라고 했다.

무하마드 알리는 "챔피언이란 체육관에서 만들어지는 것이 아니다. 챔피언은 자신들의 내면 깊숙한 곳에 있는 소망, 꿈, 이상에 의해 만들어진다"라고 말했다. 진정한 우리의 모습 역시 회사에서 만들어지는 것이 아니라 진정한 내면 안의 소망, 꿈, 이상에 의해 만들어질 것이다.

지금의 모습이 전부는 아니라는 사례는 평범한 사람부터 위대한 사람들까지 다양하게 찾아볼 수 있다. 우리 주변에서 평범했던 친구가 달라진 모습을 한 번쯤은 경험했을 것이다. 이런 사례는 사람뿐만 아니라 기업에서도 찾아볼 수 있다.

1943년 방문 판매로 성냥을 팔던 회사가 있었다. 이 회사는 시간이 지나면서 시계를 팔았다. 그리고 연필까지 우편 판매를 하는 단계로 발전했다. 마지막으로 이 회사는 세계 각지에 매장을 열었다. 그리고 30년 후 전 세계 가구계의 거인이 되었다. 바로 이케아이다.

삼성전자 역시 1938년 밀가루와 설탕을 파는 삼성상회에서 출발했다. 그 후 삼성물산으로 도약, 건설과 전자 분야까지 확장해 글로벌 기업이 된 것이다.

시작은 미약하나 시간이 흐르면서 성장한 기업의 모습에서 우리의 모습을 찾아보아야 한다. 우리 역시 지금은 미약한 모습이나 향후 어떤 존재로 변할지 모른다.

지금 당신의 인생은 힘들고 괴로울 수 있다. 힘들고 괴로운 인생이 나중에 도움이 될 것이라는 말은 하지 않겠다. 그것이 기회였다는 말도 하고 싶지 않다. 다만 이 말은 꼭 하고 싶다.

'지금 당신의 인생이 전부는 아니다. 지금 모습만이 당신의 모습은 아니다.'

5

지금 상상하고
창조하는 것이 힘이다

헨리 포드의 일화 중 재미난 것이 있다. '고객에게 바라는 것이 무엇인지 묻는다면 그들은 더 빠른 말이라고 답할 것이다'라는 것이다. 구글에는 '눈앞의 사용자만 볼 것이 아니라, 미래 지향적으로 반드시 이렇게 될 것이라고 생각하라'는 업무 기준이 있다고 한다.

우리는 현재 우리 앞에 놓여 있는 것들만 보아왔다. 하지만 인생을 주도적으로 끌고 가려면 당장 눈앞의 것이 아닌 10년, 20년 후의 모습을 생각해보아야 한다. 이것은 쉬운 일이 아니다. 하지만 우리의 인생을 풍요롭게 만들고, 타인에게 공헌할 수 있는 존재가 되기 위해서는 반드시 필요한 일이다.

현자들은 눈앞의 현실과 10년, 20년, 그 이상의 미래 모습을 같이 볼 수 있다고 한다. 작은 것과 큰 것을 동시에 볼 수 있고, 나무와 숲을 동시에 볼 수 있는 것이다.

그런데 우리는 흔히 나무를 보거나 숲을 보거나 둘 중 하나로 강요되는 교육을 받아왔다. 이제부터는 그것을 바꾸고 스스로 상상하고 창조하는 삶을 살기 위해 노력해야 한다. 그렇게 하다 보면 스스로 상상하지 못할 정도의 모습으로 변해 있는 자신을 마주하게 될 것이다. 조지 버나드 쇼는 말했다.

"합리적인 사람은 세상에 자신을 적응시키는 반면 비합리적인 사람은 세상을 그에게 적응시킨다. 모든 진보는 비합리적인 사람들에게서 나온다."

비합리적인 사람들은 다른 이들에게 손가락질을 받거나 모자란 사람 취급을 당하곤 한다.

탐스(TOMS)를 아는가? 한 켤레가 팔리면 한 켤레를 개발도상국의 아이들에게 기부한다는 신발 회사이다. 기부를 통한 사회적 기업의 대표적인 예가 된 회사로, 블레이크 마이코스키가 2006년 창업하였다. 과연 그는 합리적인 사람이었을까? 그가 쓴 탐스 스토리에는 처음 그가 이 아이디어를 창안한 후 사업하려 했을 때 많은 사람이 비판했다는 이야기가 나온다. 말도 안 되는 생각이라고 하고, 심지어 돈을 벌 수도 없을 것이라고 비웃었단다. 하지만 그는 비합리적으로 보였지만 성공할 방법을 알고 있었다. 그는 스토리의 힘을 알고 있었던 것이다.

우리나라 사람들은 대부분 숙제를 풀기 위한 일에 집중해왔다. 서양인들이 만든 질문에 답을 하는, 그런 숙제를 푸는 삶을 살고 있었던 것이다. 왜 문제가 주어졌는지 고민하기보다 고민할 시간이 없다고 따라가기에 급급했던 것이다. 특히, 아직까지도 주도적으로 제품을 만들기보다는 기존 제품을 개선하고 성능을 좋게 만드는 정도의 선에서 노력해왔다. 그래서 일부 IT 쪽의 몇몇 분야를 제외하고는 세계 시장을 선도할 수 없는 게 현실이다. 즉, 아직까지도 숙제를 내주는 서양에 의해 숙제를 잘했는지 점검만 받고 있는 상황이라고 볼 수 있다.

기업에서도 윗사람들은 부하 직원들에게 숙제를 내린다. 부하 직원들은 숙제를 해서 상사들에게 검사를 맡는다. 잘한 직원은 '참 잘했어요'라는 도장을 받는다. 이런 도장은 승진, 연봉, 보너스 등으로 불린다.

이것이 지금 우리의 현실이다. 하지만 조금씩 변화하고 있다. 우리나라에도 다양한 스타트업 기업들과 창의적 벤처 기업들이 생겨나고 있다. 그들은 숙제를 받는 것을 좋아하지 않는다. 스스로 숙제를 낼 수 있는 사람, 기존의 익숙한 패러다임을 변화시킬 수 있는 사람들이다. 앞으로 이런 기업과 인재가 더욱 주목받을 것이다. 우리나라에도 스티브 잡스, 마크 주커버그, 손정의 같은 사람들이 더욱 많아질 것이다. 지금의 우리 역시 이런 사람들이 될 수 있다. 지금 당신의 인생이 전부는 아니기 때문이다.

변화하려면 당장 일하고 급급하게 살아가는 것을 해결하는 데에서 벗어나야 한다. 생각을 전환해야 한다. 이것은 퇴직 후 제2의 삶을 위한 것이 아니다. 직장에서 승진하기 위한 것은 더더욱 아니다. 지금이 아니라 50세, 60세, 70세가 되었을 때 원하는 삶과 모습을 위한 것이다. 그리고 그것을 위해 역으로 하루하루 최선을 다해 살아가야 한다.

물론 인생을 살다 보면 생각지도 않았던 어떤 계기로 인생이 바뀌는 경우가 있다. 훌륭한 삶을 살았다는 위인들의 경우 그런 계기가 많았다. 하지만 평범한 사람들 역시 최소 몇 번 인생이 바뀌는 계기는 있었을 것이다. 그런 기회는 자주 오지 않는다. 한 번 기회가 왔다면 본인의 삶을 다시 한 번 진지하게 생각해볼 수 있는 것이고, 그것이 기회임을 깨달을 만한 지혜를 미리 갖고 있어야 한다.

지금까지 당신이 알고 있었던 것, 당신이 보고 있었던 것들이 지금의 당신을 만들어왔다. 당신은 긍정적인 삶이나 부정적인 삶을 살아왔을 것이다. 혹은 인생을 주체적으로 살았거나 끌려다니는 삶을 살았을 것이다. 아니면 무엇인가 도전하는 삶을 살았거나 안주하는 삶을 살았을 것이다.

당신이 어떤 사람이었든 지금부터는 하나도 관계없다. 부정적인 사람이 일부러 긍정적이 되어야 할 필요도 없다. 사람은 누구나 자신의 가슴속에 긍정과 부정을 갖고 있다. 긍정적인 사람도 부정적인 생각을 할 수밖에 없는 경우가 있다. 그렇지만 과연 낙관론자만 상상하고 창조할 수 있는 것일까? 대답은 '아니오'이다. 이 대답에 대해 미국의 작가이며 환경운동가인 길 스턴은 다음과 같이 명쾌하게 정리하였다.

'낙관주의자와 비관주의자는 모두 우리 사회에 기여한다. 낙관주의

자는 비행기를, 비관주의자는 낙하산을 발명한다.'

타인의 발에 줄을 묶어서 절벽으로 떨어뜨리면 어떻게 될까? 과연 이런 것이 돈이 될까? 정답은 '그렇다'이다. 우리는 이것을 번지점프라고 부른다. 현재 번지점프는 전 세계에서 행해지는 가장 인기 있는 레포츠 중 하나가 되었다.

1968년 멕시코 올림픽 경기에서 전혀 보지 못했던 방법으로 세계 신기록을 세운 선수가 있었다. 이 무명 선수의 이름은 딕 포스베리였다. 그는 높이뛰기에서 2미터 38센티미터라는 세계 신기록을 세웠다. 어떻게 했을까? 그는 기존과 다른 방법으로 도전하였다. 몸을 막대와 평행하게 하여 웅크리고 뛰는 것이 아니었다. 딕의 방법은 생전 처음 보는 배면 뛰기였다. 이것은 향후 '포스베리 플랍'이라는 명칭이 붙는다. 딕 이후 모든 선수는 정면 뛰기를 전혀 시도하지 않게 된다. 딕은 대부분의 사람과 전혀 다르게 생각해서 더 높이 뛸 수 있게 된 것이다.

이 외에도 상상하고 창조하고 기존과 다른 방법을 시도한 사례는 무궁무진하다. 당신은 무엇을 만들 수 있는가? 당신은 무엇을 만들고 싶은가? 왜 그렇게 하고 싶은가? 언제부터 할 수 있겠는가? 이 질문들이 당신을 더 이상 끌려다니지 않게 만들 것이다.

6

세상을 바꾼 자들도
평범했다

과거부터 현재까지 많은 사람이 세
상을 바꿔왔다. 그리고 그들보다 더 많은 사람이 세상이 바뀌었으면 하
고 희망해왔다. 특히, 과거부터 현재까지 체제에 대한 불만이 많을수
록 그러한 경향은 더욱 컸다. 프랑스대혁명, 동학농민운동 같은 시민혁
명이 그 예이다. 그뿐만 아니라 에디슨의 전구와 라이트 형제의 비행기
등도 좀 더 편리하고 좋은 세상을 위한 혁명이라고 할 수 있다.

그렇다면 과연 위대한 선구자들과 발명가들만이 세상을 바꿀 수 있
는 걸까? 평범한 우리는 그냥 먼지처럼 살다가 먼지처럼 사라져야만
하는 걸까?

지금까지 나는 타인들의 생각과 조언을 많이 따르는 편이었다. 특히

나보다 나이가 많은 사람이 조언을 해주면 감사하게 여기며 무조건 받아들였다. 이런 나를 좋게 표현하면 타인의 의견에 귀 기울이고 수용하는 배려형 인간이라고 하겠다. 반대로는 타인들에게 휘둘리는 삶을 계속적으로 살아왔다고 할 수 있다. 이런 성향 때문에 다툼과 분쟁에 대해서 상당히 불편해했다. 특히 논리적인 것보다는 감성적인 나에게 상대방의 논리를 반박해야 하는 토론은 상당히 불편했다. 경쟁, 다툼, 승부 등을 좋아하지 않는 편이었고, 스포츠 등에서도 승부욕은 거의 제로에 가까운 수준이었다. 승부욕이 없기에 여럿이 하는 스포츠보다는 혼자 하는 운동이 좀 더 마음 편했다.

앞서도 언급했지만, 회사생활을 하면서 파일럿이 되겠다고 항공사 특기생으로 지원해 여러 과정을 거쳐 합격한 후배가 있었다. 그 역시 타인과의 경쟁을 좋아하지 않고, 스스로의 발전을 추구하는 성향이었다. 그렇기에 어떤 일을 하면 행복할 수 있을지 스스로 생각하고 선택한 것이 파일럿이었다고 한다. 생각해보면 승부욕이 충만한 일부를 제외한 많은 사람이 타인과의 경쟁과 다툼을 좋아하지는 않는 듯하다. 하지만 회사는 경쟁을 해야 살아남을 수 있는 곳이다. 경쟁이 싫다면 본인만의 어떤 특출한 능력이 있어야 하나, 대부분의 직장인에게 이런 능력은 거의 없다.

평범한 내게도 강점은 있었으니 그것은 타인의 의견에 공감하는 능력이었다. 나는 이 소통하고 공감하는 능력을 좀 더 발전시키기로 마음먹었다. 그 후 세상을 좀 더 좋은 곳으로 만들기 위한 나만의 프로젝트를 추진하기 위해 도전 중이다.

우리는 "평범한 내가 세상을 바꿀 수 있을까? 안 될 거야. 어려울 거야"라면서 지레 포기하곤 한다. 또 "전문가도 아닌 타인들의 조언에 반응하며 세상을 바꾸는 것은 쉬운 일이 아니야"라며 포기한다. 전문가들이 말한 것도 옳은 것만은 아닌데, 비전문가들의 조언을 받아들이는 것이다.

그러면서 그저 자기를 넘어서고 세상을 바꾼 사람들을 대단하다고 여기고 우러른다. 영웅, 사업가, 발명가, 위인, 혁명가, 리더 등의 명칭으로 불리는 사람들은 아무나 될 수 없는 것으로 생각한다. 세상을 바꾸고 싶지만 나 자신조차 바꿀 수 없기에 그저 희망 사항일 뿐이다. 그리하여 대부분의 사람은 본인과 세상을 바꾸지 못하고 평범하게 생활하다 인생을 마무리한다. 실제로는 엄청난 능력을 가슴속에 가지고 있었음에도 말이다. 그 능력을 제대로 써보지도 못하고 포기한 것이다.

세상을 바꾸고 자신을 바꾼 사람들은 이런 것을 깨닫고 불편하지만 하나씩 고쳐 나아가고자 노력했다. 그들 역시 시작은 미약했고, 지금의 우리보다 더 열악한 상황에 처했다.

어떻게 그들은 그들 스스로를 넘어섰고 세상을 바꿀 수 있었을까? 그것에 대해 월마트의 창립자 샘 월튼은 이렇게 말했다.

"다른 길로 가라. 사회적 통념은 무시하라. 모든 사람들이 똑같이 일하고 있다면 정반대 방향으로 가야 틈새를 찾아낼 기회가 생긴다. 수많은 사람이 당신에게 길을 잘못 들었다며 말릴 것이다. 이에 대비하라."

그는 남들과 다른 자신만의 길을 가야 한다는 사실을 강조했다. 샘 월튼뿐만이 아니다. 손정의, 리처드 브랜슨, 스티브 잡스, 테슬라모터스의 창업자 엘론 머스크 등 많은 사람이 모험과 도전에 대해 말해왔다. 그 이전 세대에서는 에스티로더의 창업자 에스티 로더, 이케아의 창업자 잉그바르 캄프라드 등 다양한 사람이 비슷한 생각을 갖고 도전해왔다. 그리고 매헌 윤봉길, 백범 김구, 도산 안창호 등 많은 애국지사가 조국의 독립을 위해 노력했다. 그들 역시 세상을 바꾸고 싶었던 것이다. 일본에게 끌려가는 조국이 아니라 우리 스스로 끌고 갈 수 있는 조국을 원했던 것이다.

위대한 인물들과 평범한 사람들의 차이는 변화와 도전, 익숙한 것과의 결별을 이해하고 실천하느냐 못하느냐에 있다. 위인들은 남들이 가지 않은 길을 가고, 남들을 도우며, 타인들과 더불어 행복하게 살 수 있는 삶을 추구했다.

헬렌 켈러 역시 "무사함이란 미신이다. 그것은 세상에 존재하지 않는다. 인생이란 모험을 무릅쓰지 않으면 아무것도 없을 뿐이다"라고 말했다. 지금 무엇인가 불편하다면 당신은 이미 준비가 된 것이다. '내가 할 수 있을까?' 하는 걱정이 있었기에 아직까지 도전하지 못하고 있는 것뿐이다. 불편한 것을 바꿀 용기가 있다면 시작하면 되는 것이다.

그저 평범하다고, 해낼 자신이 없다고 생각한다면 나약한 의지를 극복하면 된다. 심호흡 한번 크게 하고 다시 도전하면 된다. 당신의 위대한 생각과 거대한 꿈, 거침없는 삶을 응원한다. 당신은 이제 당신 삶에서 더 이상 끌려다니지 않을 것이다. 당신은 더 이상 캐리어가 아니다. 거침없이 스스로를 끌고 가는 인생의 주인이다.

그래도
자유인이 되자

우리는 누군가에게 희망이다. 사랑하는 부모님에게는 평범하지만 가끔 자랑할 수 있는 착한 아들이며 딸이다. 결혼했다면 사랑하는 배우자를 위해 열심히 인생을 살려고 노력하는 남편, 아내일 것이다. 만약 자녀가 있다면 세상에서 하나뿐인 멋진 아빠, 엄마가 되려고 노력하는 사람일 것이다. 취업을 걱정하는 후배들에게는 부러운 선배일 것이다.

그런데 회사에서 과연 우리는 누구에게 희망일까? 후배들에게? 상사들에게? 주변 동료들에게?

우리는 세상에 단 하나뿐인 존재들이다. 누구도 우리를 대신할 수 없다. 우리는 사랑받고 사랑하기 위해, 그렇게 행복하기 위해 태어난 존재들이다. 하지만 이런 사실을 자주 잊는다. 잊고 있다가 문득 깨닫곤 한다. 그러다 시간이 지나면 또 잊어버린다.

우리는 지금까지 많은 것에 끌려다녔다. 지금처럼 산다면 앞으로 더 많은 것에 영향을 받을 것이다. 앞으로의 미래는 우리가 살아왔던 지난 30년과는 전혀 다를 것이기 때문이다. 아직 30대인 우리는 최소 20~30년 이상 경제 활동을 해야 한다. 그러기 위해서는 상사, 일, 시간을 끌고 갈 수 있어야 한다. 이것은 당신이 회사를 계속 다니든 다니지 않든 매우 중요한 자세이다. 스스로 주도권을 세우는 첫걸음이기 때문이다.

그다음으로는 스스로를 개척하는 삶을 살아야 한다. 스스로의 삶에서 우리는 주연이다. 그렇지만 대부분이 주연인지도 모른 채 살아가고 있다. 타인들의 인생에 그저 조연으로 출연할 뿐이다. 그렇게 오랜 시간 생활하다 인생의 마지막 순간에서 실은 내가 주연이었구나 하면서 아쉬워한들 아무 소용이 없다.

젊은 우리는 스스로의 인생에 주연이라는 생각을 확고히 가져야 한다. 나 자신의 강점을 찾고 인생이라는 무대에서 세상을 긍정적으로 바라보며 살 수 있어야 한다. 무엇보다 지금 당장 행복해야 한다. 아무리 힘들고 괴로워도 행복해야 한다. '지금은 힘들지만 나중에는 행복할 것이다'라는 믿음은 잘못된 것이다. 지금 행복한 습관을 계속 가져야 나중에도 행복할 수 있다.

마지막으로 '지금 우리가 알고 있는 것, 보고, 듣고 있는 것들은 옳은

게 아니다'라는 생각을 가져야 한다. SNS와 블로그 등을 통해 퍼져나가는, 필터링을 거치지 않은 정보들이 많은 요즘이다. 많은 이가 이러한 거짓 정보를 사실이라고 믿는다. 무분별하게 습득하는 정보들은 판단을 흐리게 할 뿐이다. 본인 스스로 필터가 되어 걸러낼 수 있어야 한다. 그래야 진정 중요한 정보의 중심에서 핵심 역할을 할 수 있다.

이제 인생에서 성공하자. 사회적 기준과 통념에 기준한 성공이 아니다. 어제보다 더 나은 오늘을 살았다면 그게 바로 성공이다. 비록 어제와 오늘이 똑같았다고 해도 실망하기에는 아직 이르다. 오늘보다 더 나은 내일을 살겠다고 다짐한 순간 당신은 이미 위대한 사람이다.

나 역시 지금까지 많은 것에 끌려다녔다. 상사와 동료들에게 끌려다녔다. 일과 시간에 끌려다녔다. 그리고 다양한 것에 의해 영향을 받고 나 스스로를 힘들게 만들었다. 하지만 이런 괴로움 속에서 내가 깨달은 정말 단순한 생각 하나가 있다.

'남들이 아무리 나를 능력 없다고 여기고 패배자라고 말할지라도, 나 스스로 여전히 타인들의 생각에 타협하지 않는다면 그들의 말은 옳은 것이 아니다.'

호주의 세계적 명상가 아잔 브라흐마 스님은 태국 북동부에서 수도승의 생활을 하면서 진리를 깨달았다. 이 진리를 곰곰이 되새기다 보면 문제적 상황에서 빠져나오는 법을 알게 될 것이다.

'우리를 더 힘들게 하는 것은 일 그 자체가 아니라, 그 일에 대한 우리의 생각이다.'

즐겨야 산다

초판 1쇄 인쇄 2016년 3월 2일
초판 1쇄 발행 2016년 3월 7일

지은이 | 박진석
펴낸이 | 김의수
펴낸곳 | 레몬북스(제 396-2011-000158호)
주 소 | 경기도 파주시 문발로115, 세종출판벤처타운 404호
전 화 | 070-8886-8767
팩 스 | (031) 955-1580
이메일 | kus7777@hanmail.net
본 문 | 미토스
디자인 | 서진원

ISBN 979-11-85257-35-8 (13320)

이 도서의 국립중앙도서관 출판예정도서목록(CIP)은 서지정보유통지원시스템 홈페이지
(http://seoji.nl.go.kr)와 국가자료공동목록시스템(http://www.nl.go.kr/kolisnet)에서
이용하실 수 있습니다. (CIP제어번호 : CIP2016004631)